利用者にも介助者にも

安心・快適な 介護技術

髙山彰彦 著

現場の
「困った!」を
解決できる

中央法規

はじめに

最期は誰に介護をしてもらいたいか…

　日本は世界№1の長寿国となりました。同時に少子化も顕著で、働き手である若い世代が減っていきます。介護・看護を職業とする人は不足し、若い世代が介護のために離職してしまうと、日本社会そのものの維持ができなくなります。そして、元気な高齢者が要介護高齢者を支えざるを得ない時代が来ます。

　長生きするということは、何らかの障害とともに人生の終盤を生きていくことでもあります。また、長生きと認知症は表裏一体です。人生の終盤は、誰もが何らかの介護を受けながら生活することを余儀なくされます。誰もが介護をし、介護を受ける時代になってきていますが、皆さんは誰にどのような介護をしてもらいたいですか。

　家族には介護をさせたくない、迷惑をかけたくないと考える人もいます。それは「介護は負担が大きい」というイメージがあるからではないでしょうか。もし、その負担が大きいものでなければ、最期まで愛する家族にそばにいて支えてもらいたいと思いませんか。家族の立場であれば、愛する人を最期まで支えたいと思いませんか。そもそも、「介護の負担」は減らすことができないものなのでしょうか。

専門職としての使命

　介護・看護・リハビリテーション職など、介護にかかわるさまざまな専門職がいて、それぞれの分野で「新しい技術」が開発されています。しかし、体力のある若い専門職であれば行うことができても、在宅介護で継続できる技術であるとは限りません。施設等でも、今後は年配のスタッフの活躍がなければ存続できなくなりますし、高齢の小柄な妻でも体格のよい夫を介護できるように、根拠に基づいた介護技術を身につけ、それを伝えることができる言葉をもたなければ、専門職として社会的使命を果たすことはできません。

　リフトやパワースーツなどの開発が進めば、介助者の負担は少なくなるかもしれません。しかし、持ち上げられる利用者の負担は変わりません。私たちの法人のセミナーでは「介護の良し悪しは利用者が決める」をセオリーにして利用者体験（モデル体験）をしたときに快適であったか否かを重視しています。ほとんどの参加者が、「介護するほうの負担ばかりを感じてきたが、持ち上げられることがこんなに

大きい負担になるとは知らなかった…。利用者に申し訳なかった」「わずかな気配りで、こんなにも"大切にされている"と感じられるとは驚いた」などの感想を抱いています。いずれも専門職として大切な視点です。

本書の特徴

　多くの人は介護をされる場合に最期まで尊厳ある対応を受けたいと望みます。そのために介護の専門職として何を学べばよいのでしょうか。

　本書は単なる技術書ではなく、「人に介護されること、人を介護すること」とはどのようなことなのか、「介護を受ける状態になったとしても、介護をしなければならない状態になったとしても、お互いに、最期までその人らしく輝き続けられる未来」に向けて、何を大切にしなければならないのかを提案しています（第1章・第2章）。

　また、専門職として必要な視点である「利用者にも介助者にも安心・快適な介護」を実現するための介助方法をわかりやすく解説しました（第3章〜第10章）。それは「人間本来の機能や動きの原則」「その人らしく活き活きと生き続けるための習慣」からの学びがヒントになります。

　テキスト通りに行っているつもりでも、なぜこれほどまでに腰痛になってしまう人が多いのでしょうか。また、丁寧に介護しているにもかかわらず、利用者にけがを負わせてしまうのはなぜなのでしょうか。それらの矛盾と疑問を解消し、専門職として「誰でも、誰に対しても、どのような環境でも可能な、お互いに安心で快適な介護技術」を根拠とともに説明できるように、丁寧に解説しています。基本を身につけるだけでは解決できなかった「困りごと」に対しても、さまざまな状態像に合わせた応用技術をできる限り収載しました。

　介護とは「愛する人を大切にできる。愛する人を大切にできる自分自身を肯定できる」最も人間らしい行為です。だからこそ、介護される人も、介護する人も、お互いに自分らしくともに輝き続けられる社会を目指したいと思い執筆に至りました。専門職として、どうすれば適切な介護技術を科学的根拠とともに説明でき、実践できるようになるのか…。本書が皆さんの一助となれば幸いです。

2020年4月

一般社団法人　幸せ介護創造ファクトリー

代表理事　髙山彰彦

第 **3** 章　立ち上がりの介助

第 **4** 章　移乗の介助

第 8 章　ベッド上での移動の介助

第 9 章　車いすの介助

第 **10** 章 生活場面で見る介護技術

参考文献

 ARマークについて

スマートフォンやタブレットをかざして動画を見よう！

スマートフォンやタブレットで「ARマーク」のついている図や写真を読み込むと、介助方法を動画で確認することができます。

ARアプリのインストールと使い方

STEP1 無料アプリをインストール

App Store (iOS) /Google Play (Android) から「COCOAR2」または「ココアル2」と検索し、アプリをインストールしてください。右のQRコードから各ストアへ移動することができます。

ココアル2
COCOAR2

iOS

Android OS

STEP2 アプリを起動して読み込む

COCOAR2を起動して、「ARマーク」がついている図や写真にかざしてください。アプリが画像を読み込むと、動画が表示されます。

STEP3 書籍の解説と合わせて確認

動画と書籍の解説を合わせて確認して、理解を深めましょう。

※ご利用の機種やOSのバージョン、通信環境によっては、アプリが正常に動作しない場合がございます。
※動画の視聴は無料ですが、通信料はお客様のご負担となります。動画の読み込み・閲覧にあたっては、Wi-Fi環境を推奨いたします。
※COCOAR2は、スターティアラボ株式会社が配信するクラウド型ARアプリケーションサービスになります。アプリの詳細な機能・最新の対応OS等については、各ストア等をご参照ください。
※動画は予告なく終了することがあります。あらかじめご了承ください。
※本AR動画に関するすべての権利は、著作権者に留保されています。理由のいかんを問わず、無断で複写・放送・業務的上映をすること、第三者に譲渡・販売することは法律で禁止されています。

第 **1** 章

介護について
考えてみよう

1 「介護される」ということ、「介護する」ということ

1 「介護される」ということ

　人が自分らしくあり続けるためには、誰かを支えたり、誰かに支えられたり、誰かから認められたりと、他者との関係のなかで自分という存在を感じ続けられる必要があります。

　ところが、一般的には要介護状態になることで、誰かから必要とされたり、認められたりする機会が減り、同時にそれまで自分らしく存在できた部分を自分で維持することが難しくなり、まるで自分が自分ではなくなっていくような体験につながります。自分がどのような人であったか、どのようになろうとしていたかを見失いやすくなるのです。その結果、必要以上に他人に気を遣ったり、生きる意欲が低下したりすることになります。そのような状態で、自分らしく生きていくために「介護」を主体的に受けることは簡単ではありません。

　さまざまな障害により、日常生活に困難が生じたとき、「介護を受ける（人の手を借りる）」か、それとも「何とか自力でするか」という二者択一が重要なのではありません。介護を受ける（人の手を借りる）ことが前提だとしても、自分らしく生活していくために、<u>「主体的に介護を受ける」</u>ことが重要なのです。つまり、<u>介護をされる―するという援助関係は、利用者がその人らしくあり続けること（自己貫徹）を支援する、利用者と介助者の協働関係といえます。</u>

2 「介護する」ということ

[人間本来の動きを大切にする]

　<u>介護とは、人と人が尊重し合い、支え合うことによってお互いが自分らしくあり続ける人間的な営みです。</u>つまり、大切にしたい人を大切にできる行為であり、大切にしたい人を大切にできる自分を肯定できる、人間らしい行為なのです。

　利用者の主体性を奪わないように支援するためには、ADL（Activities of Daily Living：日常生活動作）など、利用者の状態だけを見て介護を行うのではなく、これまでの生活状況や元気な頃の習慣や動き方などを、まず学ぶ必要があります。慣

れた動きを大切にすることは、安心感や納得性など、利用者に大きな影響を与えます。

　また、人は、一定の法則に従って動作を行っています。この「人間本来の動き」は非常に洗練されていて、この動きに沿うことで、利用者も介助者も、最も少ない負担で動作を行うことができます。

　認知症や脳血管障害、パーキンソン病などを患うと、それまで身についていた身体の動きがリセットされたり、思うように身体が連動しなくなったりすることもあります。それでも、そのときはできなくても、少し前まで当たり前に行っていた動きなので、その動きに沿った支援をすることで、身体が思い出すことがあります。また、慣れた動きに沿って介助されれば、安心感があります。全介助の状態にある利用者に対しても、人間本来の動きから学ぶことは介助方法の大きなヒントになります。

[介護の良し悪しは利用者が決める]

　専門的な視点からどんなに「正しい」と思われる場合でも、新たな介助方法を提案するときなどは、利用者に対して十分に説明し、時には家族にも説明し、体験してもらうなど、丁寧な導入が必要です。

　動きの主体はあくまでも利用者であり、介護の良し悪しは利用者が決めるものです。また、家族を含めた生活環境を知らなければ、主体者を支える支援はできません。利用者に「主体者」としてその気になってもらい、力を発揮してもらうためには、「十分な説明による同意（インフォームド・コンセント）」「十分な説明による選択（インフォームド・チョイス）」が重要です。

2 生活のなかの「自立支援」

1 自立と自律

　介護場面では、一般的に自立度、特にADLがその評価基準として重視され、「他者の手を借りずにどれだけ自力でできるか」という「自立（independence）」の観点が重要視される傾向があります。しかし、それでは、先天性の重度障害のある人や進行性の疾患、身体機能が低下した高齢者などの「自立」は「不可能」となってしまいます。少なくとも、これらの人たちは支援を受けなければ自分の存在を維持できない「受動的な存在」ということになってしまいます。

　一方、「自律（autonomy）」は、他者からの支援を受けるか否かということではなく、どれだけ主体性をもって自らの人生を生きているのかを意味します。重度障害のある人で、介助を受けながら社会参加し、役割をもってさまざまな活動を続けている人、認知症になってもその体験を世界に発信し続けている人は大勢います。その人たちは介護や支援を受けながらもその人らしく輝き続けている、まさしく「自律的」に自らの人生の主人公として輝き続けているのです。

2 目指すべき自立（自律）

　どんなに医学が進歩しても治らない病気や障害はたくさんあります。むしろ、「人生100年時代」と言われる今、長生きすることは、障害や認知症とともに生きることとイコールです。対人援助（介護）にかかわる専門職として目指すことは、もちろん「すべての人が介助を受けずに生活する状況」ではないはずです。介護が必要になっても、お互いに必要とされながら、お互いが自分らしくあり続けられる状況をつくっていく必要があります。

　つまり、介護を受ける（他者の手を借りる）か否かが重要なのではなく、自らの生活のなかで自分で選んだり、自分で決めたり、自らの行動や思考を律して、自分らしく主体性をもっていきいきと生き続けようとする行為と、その過程が重要であり、他者からの支援を活用するということは、そのための手段の1つであると考えられます。

3 自立（自律）支援と介護関係

　他者から支援を受けずに生きていくことが人生の目的ではありません。また、介助者が利用者の生活を一方的に支えることや、利用者が一方的に主張する思い通りの生活を実現することが「自立支援」ではありません。利用者と介助者は、「主従関係」ではなく、お互いに折り合いをつけながら「生活」を創っていくパートナーなのです。

　自分だけで生活を完結できなくなった人は介助者が必要になります。一方、介助者も利用者が存在しなければ、「介助者」としての自分は成立しません。つまり、利用者は介助者に一方的に支援を受けているのではありませんし、介助者は一方的に支援しているのではないのです。それぞれの存在と援助関係のなかでの接点によって、それぞれの存在価値を発生させているのです。<u>対人援助（介護）とは、人と人が接することにより、お互いの存在価値を確認し合い、ともにエネルギーに充ち溢れていくための行為であるといえます。</u>

　だからこそ、できるだけ痛みや負担、不快感のない介護技術を提案したいと考えています。

> コラム 「ありがとう」とは…
>
> 　「ありがとう」という魔法の言葉によって介助者は元気になれます。そこで私は、次のような仮説を立ててみました。「ありがとうはエネルギーの塊である」。
>
> 　例えば、進行性の病にかかったとします。すると、今まで自分でできたことがどんどんできなくなり、人の手を借りなければならなくなります。同時に、手助けをしてもらうたびに「ありがとう」と言い続けなければならない状況、つまり、エネルギーを渡し続けなければならない状況になるのです。その状況が続き、エネルギーが枯渇してくると「ありがとう」と言えなくなり、「ごめんね」になるのです。
>
> 　一方で、さまざまなことが自分でできなくなってくると、相手から「ありがとう」と言ってもらえる回数は、当然、減っていきます。つまり、介護が必要な状況になるというのは、人に「ありがとう」と言い続け、人から「ありがとう」と言ってもらえなくなる体験なのです。
>
> 　「ありがとうはエネルギーの塊である」とするなら、エネルギーを出し続け、チャージできないので、エネルギーは枯渇し、自身の存在意義が感じられなくなる、生きる意欲そのものが低下するということにつながります。
>
> 　私は、対人援助は「人と人が接することによって、生きる意欲を高め合い、お互いに存在価値を確認し合う行為」であると思っています。そう考えると、介助者は利用者から一方的に心地よい報酬として「ありがとう（エネルギー）」をもらい続けることに安住していてはいけないと思います。
>
> 　介助させていただいたこと、介助者である自分を受け入れてくださったことは「当たり前」ではありません。本当は誰にも見られたくないこと、誰にも知られたくないこと、自分で好きにしたいことなどを人にゆだねるのが介護関係であって、介助者として選ばれなければ対人援助は始まりません。自分の介助を受け入れてくれたことに対して、むしろ介助者が「ありがとうございます」と伝えるべきなのだと思います。利用者から「ありがとう」をもらい、「どういたしまして」を返す関係ではないのです。
>
> 　対人援助は「利用者のできないところを補ってあげること」を目的とする仕事ではありません。利用者がその人らしくあり続けるために介助者が必要なのと同様に、介助者もその人らしくあり続けるためには利用者の存在が必要不可欠です。利用者と介助者は、生きる意欲を高め合うためにお互いを必要としており、上下関係ではなく、パートナーなのです。
>
> 　当法人の講義や研修では、介助を行った後、利用者に評価してもらうために必ず「具合はいかがですか」と確認するように伝えています。「よい塩梅になったよ」と評価されたら、介助者は「ありがとうございます」という言葉で終えてほしいと思います。

第 **2** 章

安心で快適な
介護技術の原則

1 「安心」「快適」「負担」の基準は？

　介護の「良し悪し」は、利用者がその快適性や安心・安楽などをもとに評価するものです。したがって、介護技術の研修では、「介助者」として技術を身につけることよりもむしろ、モデルになり、「利用者体験」をすることが重要です。研修の際は、「介助者」がスムーズにできたか、負担が少なかったかということを重要視しがちですが、実際には、**モデル体験をしたときに、快適であったか、負担が少なかったかが重要であり、負担が少なく、快適な技術が「正しい方法」ということができます。**

　体格のよい男性であれば、「持ち上げる介助」であっても、慣れた方法のほうがスムーズにできたり、時間がかからなかったりするかもしれません。しかし、その方法を「利用者」として体験したときに、負担や不安、不快などを感じるのであれば、改めるべきだと思います。

　「快適性」を担保するためには、一定の要件が共通項として存在します。例えば、移動・移乗の介助において、次の要件では、利用者は、【a】と【b】のどちらが不安や不快感が少ないでしょうか。

①	身体の上下動	a. 大きい	b. 小さい
②	動くスピード	a. 速い	b. ゆっくり
③	動くときの反動	a. 反動を使う	b. 反動を使わない
④	力の加えられ方	a. 持ち上げられる（垂直方向）	b. 押される・引かれる（水平方向）
⑤	着地の衝撃	a. 勢いよく着地する	b. 止まるように着地する

　「利用者」としては、おそらく共通して、【b】の要件を満たす介助方法を選択すると思います。しかし、実際には、多くの現場で、利用者を抱え、「持ち上げる方法」で移動・移乗の介助を行うことにより、【a】の状況が起きているのではないでしょうか。

2 利用者自身の動きを支援する

1 「持ち上げる」「持ち上げられる」ことのダメージ

　利用者を「持ち上げる」介助方法は、介助者に大きな負担がかかることはもちろんですが、仮に介助者よりも利用者のほうが身長が高かったり、体重が重かったりすれば「不可能」な技術になります。

　また、介助者のほうが体格がよく、利用者が小柄で体重が軽い場合は、介助者が利用者を持ち上げる負担は大きくないかもしれませんが、持ち上げられる利用者のほうは、自分の体重が身体の一部分に集中してかかるために負担は大きく、決して快適ではありません。ズボンやベルトをつかまれ引き上げられれば、下着などが食い込み不快ですし、身体を抱え上げられれば、肋骨や肩関節に負担がかかり、骨折や脱臼などのリスクが生じます。何より、そのような介助をされれば、尊厳が傷つき、主体的でいることなど、とても難しくなるでしょう。

　介助者の腰痛予防の観点から、体格のよい利用者の移乗介助などは、2人の介護職で介助を行うことが推奨されています。しかし、2人で介助することで、介助者にかかる負担は軽減したとしても、持ち上げられる利用者の負担は決して少なくなりません。それは、「人」が「ロボット」に変わっても同じです。**持ち上げられるという行為は、体重の重い人ほど、また、筋力や骨格が弱くなった人ほど、負担は大きくなります。**それを実感するためにも、ぜひ、「利用者体験」をお勧めします。

　では、利用者にとって快適な介護技術を提供する（【b】の要件を満たす）には、どうしたらよいのでしょうか。

2 「人間本来の動き」を大切にする

ボディメカニクスを意識した介護技術では、次の留意点が強調されています。

---

①利用者と介助者の身体を密着させる
②利用者の身体をしっかり抱える（利用者には、介助者につかまってもらう）
③介助者は膝を曲げ、しっかり腰を落とす

しかし、これらの留意点を忠実に守って介助をしていても、腰痛になる人が後を絶ちません。それはなぜでしょうか。

結論からいえば、それが「人が荷物を担ぐときのボディメカニクス」の応用になってしまっているからです。実際には、自らの体重に近い重さがあり、複雑な形をしている利用者の身体を「荷物」と同様の理論で持ち上げ、動かすことには無理があります。また、介助者がどんなに丁寧に扱っても、利用者自身の体重は重力として自らの身体に負荷を与えます。したがって、持ち上げる瞬間や着地する瞬間には、介助者はその負担に耐えられず、反動や衝撃を利用者に与えてしまうことになります。介護技術の良し悪しの評価基準は、あくまでも利用者の「快適性」であることを決して忘れないようにしましょう。

「自立支援」が強調されるにもかかわらず、利用者自身の力が活かされる場面が少ないのは、「荷物のように扱われる」介護技術に原因の1つがあるのかもしれません。また、介護技術の評価基準が、利用者の安心感や快適性ではなく、介助者の負担の大小にあるからではないでしょうか。繰り返しになりますが、介護の主体である利用者の負担軽減や快適な介護を受ける権利が議論されていないということが問題なのです。

　利用者の「快適な介護を受ける権利」を守り、「利用者の潜在能力まで活用し、利用者が、主体となって介護を活用する」ためには、「人間本来の動き」から学ぶことが大切です。つまり、前述した【b】の要件を満たす介護技術のヒントは、人間が本来実施している身体の動きにあるといえます。特に、疲れていたり、身体に痛みがあったり、体調が優れないときの動きを参考にするとよいでしょう。高齢になっても、障害をもっても原則は同じです。

目の前の利用者の介助方法に困ったら、体調が優れないときに自分がどのように身体を動かしているかを参考にするとよいでしょう。

3 「安心」「快適」を支える 3つの原則

　「人間本来の動き」から3つの原則を学ぶことができます。この3つの原則に基づいて支援することで、たとえ生活動作のほとんどに介助が必要な人であっても、「自分で動いたように、快適で、安心できる」と体感してもらえます。その人が元々行っていた動きなので、緊張も最小限にすることができ、身体がその動きを覚えていたり、思い出したりすれば、潜在能力を活用することもできます。

　何より、「物」としてではなく、かけがえのない「人」としての尊厳と主体性を尊重した支援を行うことができます。

1 【原則1】 重心を垂直ではなく水平方向に動かす

　繰り返しになりますが、垂直方向に力を加え、利用者の体重を介助者が肩代わりし、持ち上げて運ぶという介助では、介助者だけでなく持ち上げられる利用者にも大きな負担がかかります。

　それに対して水平移動では、主に利用者の重心を移動させることにより、重心が外れて軽くなった部分を押す・引くなどして動かします。

[①重心を外す]

　「重心移動」を体感するために、まず、立位で片足（ここでは左足）を真横に上げてみてください。健康な人であれば、簡単に上げることができます。次に、身体の一側面（右側）を足元まで壁にピッタリとつけた状態で、反対側の足（左足）を真横に上げてみてください。今度はどうでしょうか。

重心が外れると足は軽く上がる

重心が乗っていると足が重くなり上がらない

　この状況では、健康な人でも左足を上げることは困難です。つまり、立位で片足を上げるためには、重心を片側に移し、重心が外れて軽くなった足を上げる必要があることがわかります。身体の一側面を壁に密着させて立つと、壁が邪魔になり、それ以上に片側に重心を移すことができません。その結果、左足に重心が乗ったままになるために足が重くなり、上げることができなくなるのです。

　したがって、足を上げるという動作は脚力の問題ではなく、重心が乗っているか乗っていないかで決まることがわかります。つまり、<u>移動・移乗の介助では、「どのようにして垂直方向に力を加えられるか」ではなく、「いかに重心を水平方向に外して、軽くなった部分を動かすことができるか」が重要だといえます。</u>

［ ②骨格で支える ］

　人間は元々骨格で体重を支えることにより、少ない力で身体全体を支えています。例えば、直立している人を真横から観察してみると、耳・肩・腰・膝・くるぶしが、ほぼ一直線になっていることがわかります。これは一直線になった骨格で体重を支えている状況であり、バランスはとっていますが、大きな筋力を必要としている訳ではありません。つまり、それぞれの関節を順番に平行に動かし、「一直線」にすることができれば、極端に言えば、両足に麻痺があったとしても「立位」をとることは可能といえます。

　ところが、膝をわずかでも曲げると大腿部に力が入り、大腿部の筋力で身体を支持していることが感じられます。つまり、関節が曲がっている状態では、筋力がないと身体を支えることはできません。

　<u>利用者・介助者ともに負担を減らすためには、利用者の体重は利用者自身の骨格で支えられるように、関節を順に水平移動して整える支援を行うことが1つのヒントになります。</u>

膝と骨盤を「一直線」にすることで、
体重を骨格で支えることができる

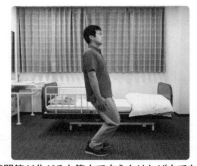
膝関節が曲がると筋力で支えなければ立てない

2 【原則2】力を効率よく使う

[①重心を「線」でとらえる]

　立位の際の重心を点でとらえた場合、重心点は、骨盤内（へその少し下あたり）の位置にあります。利用者と介助者の重心点を近づけようとすると、介助者は利用者の身体に密着することになります。しかし、人間の身体は箱のような形の「荷物」ではなく、複雑な形をしており、しかも姿勢が変化すると「重心」の位置も移動します。つまり、ある状態のときにお互いの重心が近づいたとしても、その姿勢を安定してとり続けることは困難なのです。

　一方、<u>重心を「線」でとらえると、お互いの「重心線」を近づけることは安定的に可能であり、介護技術として意味があるものとなります</u>。つまり、<u>重心線をできるだけ一致させることにより、安定性が得られることになります</u>（図1①より図1②のほうが安定している）。

　図1②のように、小さな安定した形の荷物であれば、正面から身体を密着させ抱えることによって、重心線を一致させることは可能です。しかし、人間のように大きくて形が不安定なものは図1①の通り、正面から身体を密着させたとしても、重心線は、多少、近づけることはできても一致はしません。一方、利用者の身体の横から支えると、大きなものであっても重心線を一致させたり、交差させることができ、コントロールすることもできます（図1③）。

　なお、利用者と介助者がお互いに後方に引っ張り合うことで、二人で1つの重心線をつくることもできます。これは、利用者に脚力がなかったとしても、介助者が膝を固定し、支えることができれば可能です（図1④）。

図1 ▶ 重心線の位置

①重心線の不一致

②重心線の一致

③身体の横から支えれば一致させることができる

④利用者と介護者二人でのバランス

[② 「てこの原理」の活用]

利用者の頭をA、臀部をBと考えると、膝を固定した状態で、頭（A）を下げると、自然に臀部（B）が浮く力が生まれます。

また、介助者（A）が体幹を固定して、利用者（B）との接点である膝を固定することによって「てこの原理」を活用することができます。つまり、固定した膝を支点として、介助者の重心を後方にかけたり、下方に落としたりすると、<u>筋力を使わずに「てこの原理」の効果を得ることができます</u>。

図2 ▶ 「てこの原理」の活用

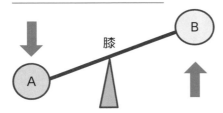

「てこの原理」を活用

膝を固定した状態で、頭（A）を
下げると臀部（B）が浮く

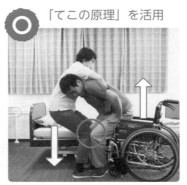

「てこの原理」を活用

介助者がAになることで利用者が
Bとなり浮く力が生まれる

持ち上げている！

介助者が利用者を「持ち上げる」状
況は、Bが頭になるためAの位置に
ある臀部に体重がかかり重くなる

3 【原則3】 摩擦を減らす

　摩擦とは、重さのある物を引っ張ったり、押したりする際にその物体が静止しようとして生じる力のことです。重い物と軽い物では、重い物を動かすほうが摩擦が大きく、大きな力が必要になります。また、同じ重さであってもザラザラした引っかかるような面上で動かす場合と、ツルツルとした滑らかな面上で動かす場合では、ザラザラした面上で動かすほうが摩擦が大きく、大きな力を要します。スライディングボードやスライディングシートなど、滑らかな面の上を滑らせる福祉用具は、摩擦を小さくして小さな力で動かすことを目的としています。また、接触している面積が大きいほど、大きな力が必要となります。

・重いほうが摩擦が大きい
・接地面がザラザラして滑りにくいほうが摩擦が大きい
・接地面積が大きいほど摩擦が大きい

　介護の場面では、特に布団やベッド上などで摩擦が大きくなる傾向があります。つまり、ベッド上で寝ている場面では、接地面積が広く、また接地面が滑りにくいからです。ベッド上での移動や起き上がり介助の際に、利用者に膝を立ててもらったり、腕をお腹の上で組んでもらったり、臀部（骨盤）を支点にして向きを変えたりするのは、少しでも**接地面積を小さくして、摩擦を減らし、小さな力で動かすための工夫といえます。**

　このように摩擦を減らすことで、利用者も介助者もともに楽な動作となります。

コラム　腕の力で動かしていませんか？

　腕の筋肉は小さいため、軽い物を速く動かす動作が得意です。一方で、腹筋や背筋のように大きな筋肉は、大きな力を出すことは得意ですが、速い動きは得意ではありません。利用者を介助するときには、「速い」よりも「ゆっくり」であることが重要なため、腕ではなく、腹筋や背筋などの大きな筋肉を使って重心移動で動かすほうが適しているといえます。

　腕のように小さな筋肉は、関節（肘・肩など）を伸ばした状態では大きな力は出せません。したがって、伸ばした腕を縮める力を使うのではなく、腕を曲げた状態で固定し、重心移動で動かすなど、大きな筋肉を活用することによって利用者にとって快適な介助となります。また、介助者も身体を痛めることはありません。

> **コラム　心に届く言葉**
>
> 　介護現場で仕事をしていると予期せぬ言葉を利用者から投げかけられることがあります。
>
> 　「私には自分が生きている意味がわからない。私に生きている価値があるのか」という利用者からの問いかけに言葉を返せない自分がいました。「人として生まれた以上、すべての人に生きる価値があるのですよ」などと言っても、その人自身が自分の存在価値を感じられていないのだから気休めにもなりませんし、もっと言うと、その人にとっては「偽り」になるでしょう。そのくらいまでは考えられたものの、それ以上には思考が進みませんでした。
>
> 　今から思い返すと、知識や技術ではなく「対人援助とは、どういうことなのか」ということが自分の理念として確立していなかったのです。「困っている人を支援する」という立ち位置におごりがあったのだと思います。いわゆる「あぐらをかいてしまっていた」のかもしれません。どれだけ技術が熟練しても対人援助において、良し悪しの評価をするのは利用者です。したがって、「あなたにとって…」という論理で答えを見つけようとすること自体が的外れであり、利用者からすれば「わかってもらえなかった」と感じるという悪循環を招きます。本来、自分の価値観や気持ちは自分で決めたり、感じたりすることですので、高みから物を言われることそのものが大きなお世話なのです。
>
> 　自分で自分を承認することは、簡単ではありません。特に介護を受ける生活を余儀なくされた人は、存在意義や自分を承認するエネルギーが枯れていきがちです。自分を承認できる最後の砦<small>とりで</small>は他者からの承認なのです。つまり、他人から「私にとってあなたは、…」というメッセージは紛れもない真実であって、もっとも利用者の心に届く言葉なのだと思います。
>
> 　今ならこのように伝えられると思います。「あなたはご自分の存在している意味が見いだせなくなっておられるのですね。あなたにとっての存在意義を私がお答えすることはできません。しかし、私にとって、あなたはかけがえのない方です。あなたが待っていてくださるから、私はここに来ることができます。あなたがわずかながらでも頼りにしてくださったり、信頼してくださるから援助者としての私があります。私にとってはあなたが存在しておられることはとても意味があることなのです」と。
>
> 　そもそも他人に相談したからといって、状況が改善されることはほぼありません。変わるとしたら心のもち方が変わるだけなのです。人は誰かがそばにいてくれると感じるだけで支えられることがあります。また、そばにいることが許されることが対人援助のスタートです。自分の存在は自分のためではなく、誰かにとって意味のあることであると感じられれば、生きる意欲は湧いてくるのです。

第 **3** 章

立ち上がりの介助

1 立ち上がりの準備

　座位から立ち上がる場合、浅く座り直し、足を引き、前傾姿勢になることで、足に重心を移しやすくなります。最小限の筋力で立ち上がるには、この準備が不可欠です。準備を適切に行うことによって、立位をとる能力のある人は立てるようになります。また、全介助が必要な人であっても最小限の力で介助できます。

1 浅く座り直す

　いすや車いすに深く座っている場合は、浅く座り直します。鼠径部を上から見て座面が少し見えている程度を目安とします。

　深く座っている場合、足に重心を乗せるためには、より深く前傾する必要があります。股関節も深く曲げる必要があるため、脚力が求められます。一方、**浅く座っていれば、少し前傾するだけで足に重心を乗せることができます。**同時に股関節もそれほど深く曲げる必要がないため、わずかな脚力で立位に移行することができます。全介助が必要な利用者でも、立位介助の準備として、浅く座り直すと、最小限の力で介助することができます。

[深く座っている場合]

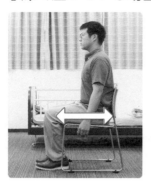 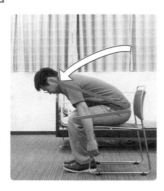

> 深く座っていると、重心を足に乗せるために深く前傾する必要があります。

[浅く座っている場合]

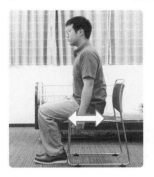 

浅く座り直せば、少し前傾する程度で足に重心が乗り、立ち上がりやすくなります。

[浅く座り直す方法]

1 臀部を前に引き寄せるため後ろに寄りかかってもらい、利用者の身体を一方に傾ける。

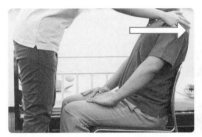  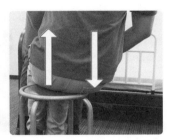

転倒・転落を防ぐため、介助者は傾いた側に立ちます。

2 浮いたほうの骨盤を回転させるように動かし、臀部を前に出す。

臀部を回転させるように動かすことにより摩擦を減らすことができます。

このとき、臀部に指先が触れると不快なため、親指の付け根を腰骨に当て、指先が触れないようにします。前に動かしすぎないように、介助者の膝を利用者の膝に合わせておきます。

3 反対側も同様に、前に動かす。

2 足を手前に引く

　立ち上がるためには、くるぶしが膝よりも内側に位置する必要があります。真上から膝を見て、つま先が見えている程度が目安です。

膝の真下に土踏まずが位置すると、足の裏全体で地面を踏みしめることができ、膝への負担も軽くなる。

真上から見て、足の甲が見えていると、足が前に出すぎているため、重心が足に乗りにくく、立ち上がることができない。

真上から見て、つま先が隠れてしまっていると、膝の屈曲が深くなるため、立ち上がる際に脚力が必要になる。

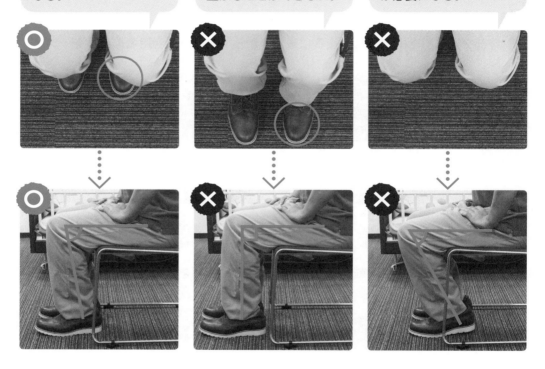

3 前傾する

前傾することで、臀部にかかっていた重心が足に移ります。立位になるには、右の写真のように前傾して足に重心を乗せ、臀部を軽くする必要があります。

認知症やパーキンソン病などにより前傾姿勢がとれなくなると、たとえ脚力があっても立つことが難しくなる場合があります。

[前傾姿勢と重心の位置]

1 重心が臀部にかかっている。

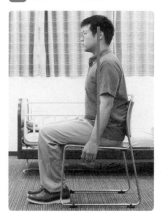

2 重心が足に移り、臀部が軽くなる。

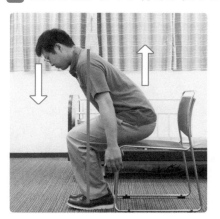

こんなとき、どうする❓

Q1● スペースがなくて前傾姿勢がとれません…。

A1● 狭い場所で、前傾姿勢を十分にとることが難しい場合は、「浅く座り直すこと」を徹底しましょう。合わせて、利用者の膝を固定すると、それほど深く前傾しなくても重心移動を活用した立ち上がりが可能です。

Q2● 車いすからの立ち上がりがうまくできません…。

A2● 車いすは座面の奥行きがあり、奥が沈むように設計されています。また、レッグサポートがあると足を引くことができません。この場合は、「浅く座り直すこと」を丁寧に行ってみてください。

+α　正しい「手すり」の活用法

手すりを使って立ち上がる際には、次の点が重要です。

①手すりとの距離

②手すりを持つ位置

　一般的には、立ち上がる際には、長さが60〜80㎝程度の縦手すりを用います。このとき、手すりに近づき、手すりの高い位置をつかむと上半身が直立し、臀部に重心がかかってしまいます。この状態では、脚力があっても、自力で立つことは難しく、介助をする場合も、垂直に持ち上げる力が必要となり、介助者・利用者ともに負担が大きくなります。

　手すりから離れて、手すりの低い位置を持つと、手すりを引き寄せる力を使うことにより、少ない力で立つことができます。全介助に近い利用者であっても、この姿勢から介助することで、最小限の力で立位をとることが可能であり、介助者・利用者ともに、負担が最小限になります。

　立位用に長めの縦手すりを設置するのは、**立ち上がりの際には、手すりの低い位置を持ち、立位の後、姿勢を安定させるために手すりの高い位置を持ち直すためです。**

　座るときには手すりの低い位置に持ち直し、お辞儀をするようにしてゆっくり座ります。

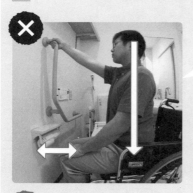

手すりに近づき、手すりの高い位置を持つと上体が直立し、重心移動もしにくいことから立ち上がりにくくなります。
また、介助者が入るスペースも狭く、介助が困難になります。
その結果、利用者を持ち上げるような介助になってしまいます。

手すりとの間に距離をとり、手すりの低い位置を持つと、自然に頭が下がり、前傾姿勢になります。
そのまま腕を引き寄せる力を使うと、足に重心を乗せやすく、立ち上がりやすくなります。
また、介助者が入るスペースも十分あるので介助もしやすくなります。

2 立ち上がりの介助

1 見守りでの介助

　立ち上がりの際に、声をかけたり、見守りが必要な利用者では、特に次のような点に配慮が必要です。

> ① 「立ち上がりの準備」（18ページ参照）をして、「立つ」という動作のメカニズムを説明する
> 　失行・失認などにより、「立つ」という動作の記憶がリセットされている可能性もあるため、具体的な動きを説明します。特に前傾姿勢への誘導が重要です。
> ②片麻痺がある場合は、移動先を健側に設定する
> 　移動先を健側に設定することで、利用者は力を発揮しやすくなります。見守りおよび一部介助では、特に環境の設定が重要になります。
> ③ 「間」（時間および距離）を大切にして、積極的に待つ
> 　説明を聞いてから動き出すまでに時間を要する利用者も多いため、動こうとしているのか否かを見極めて介助します。危険防止が可能な距離を保ちます。
> ④動きのきっかけをつくる
> 　「私の手に、寄りかかってきてください」「おでこをテーブルにつけてみましょう」などと声をかけて、動きのきっかけをつくり、前傾姿勢への誘導を具体的に行います。

2 手引きによる介助──麻痺のない利用者

　脳血管障害や認知症、パーキンソン病などにより、スムーズに身体をコントロールすることが困難になったり、「立ち上がる」という機能が失われてしまった利用者では、重心移動が困難になっていることが多くみられます。

　足の筋力はあるのに、立つことができない利用者には、「人間本来の自然な動き」に沿った介助が適しています。なお、片麻痺や立位保持が困難な利用者には、「3　側面からの介助──片麻痺の利用者など」（25ページ参照）を適用してください。

1 「立ち上がりの準備」をする（①浅く座り直す、②足を手前に引く）。

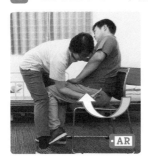 

2 介助者の腕が曲がらないように利用者から離れ、利用者の頭が膝の前に来るまで下向きに引き込む。

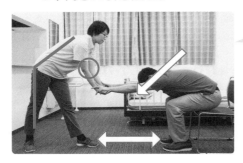

近づきすぎたり、腕が曲がっていると持ち上げる介助になるので注意しましょう。

3 頭が膝よりも前に出ると、足に重心が移り、臀部が軽くなるので、斜め上方向（介助者のあごのあたり）に、肘を閉じるように引く。

4 利用者の重心が自然にV字に移動し、立位になることができる。

介助者の身体が固定されていること（後ろに反っていないこと）を確認します。

近づいて後方に引く！

近づいて持ち上げる！

強引に後方、または上に引き込もうとするとバランスが崩れて利用者も介助者も一緒に転倒する可能性があります。

ポイントチェック ☑

- □ 立ち上がりの準備（①浅く座り直す、②足を手前に引く）を行っていますか。
- □ 十分に距離をとっていますか。近づきすぎていると頭を引き込めないため、持ち上げるような介助になります。
- □ 腕は曲がっていませんか。腕が曲がっていると、後ろに引く力が入るため、転倒の危険が大きくなります。
- □ 介助者が前傾しすぎていませんか。介助者が前傾しすぎていると、後方に引き込む力が入るため、転倒の危険があります。

3 側面からの介助──片麻痺の利用者など

片麻痺や立位保持が困難な利用者には、側面から立ち上がりの介助を行います。

1 「立ち上がりの準備」をする（①浅く座り直す、②足を手前に引く）。

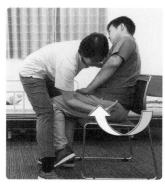

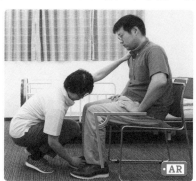

2 患側から膝と骨盤を支え、前への転倒を防ぐため、軽く脇を支える。

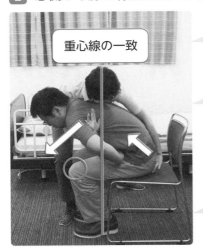

重心線の一致

重心移動の邪魔にならないように、また、利用者の臀部に近づけるように側面から介助します。

患側の膝折れ防止をするため、患側の膝を側面から支えます。利用者と同じ側の膝（ここでは右膝）を合わせます。膝の内側で利用者の膝を押さえ、膝を伸ばす支援をすることで立位をコントロールします。

脇の下を支える手は、浅く入れます。最初から深く入れると、利用者の前傾姿勢を妨げることになります。

ズボンや臀部を持つのではなく親指の付け根を仙骨部に当てます。

ズボンや臀部をつかまれることは、利用者にとって不快であり、また介助者も手の腱 鞘 炎や首・肩を痛める原因になります。

3 患側の膝に対して、介助者の足を垂直に当てて膝を固定し、頭が膝よりも前に来るように前傾してもらう。

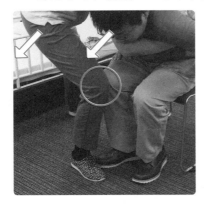

4 脇の下に入れた手の甲を起こして、斜め下に引き下げる力で前傾姿勢を強化する。骨盤を前に引き寄せながら膝を伸ばすように押すと臀部が浮いてくる。

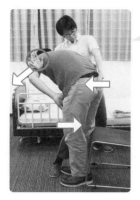

頭が下がることによって膝および骨盤が軽くなります。

5 上半身は最後に起こす。耳・肩・骨盤・膝・くるぶしが一直線上に来ると立位が安定する（利用者の骨格に重心が乗っている状態）。

きれいな一直線にならなくても固定した膝と骨盤を線上に近づけることで、立位が可能となります。

　立ち上がりの介助やいすに座る介助で、ゆっくり安定した状態で動作をするためのポイントは、上半身のコントロールにあります。上半身の拘縮や体幹の緊張などで、十分に前傾姿勢がとれない利用者についても、膝をしっかり固定して、脇の下に入れた手の甲をしっかり引き込むことによって臀部は浮いてきます。

ポイントチェック

- □ 膝を確実に固定していますか。膝を支点にして、頭を下げていくことにより臀部が浮いてきます。

- □ 側面から介助していますか（臀部に近づくことが重要）。前方から密着して介助すると、利用者の前傾姿勢を邪魔してしまい、上半身のコントロールが困難になります。

- □ 「てこの原理」を活用していますか。膝を固定したときは介助者の臀部は高い位置にあり、膝を中心にして介助者が臀部を下げることで利用者の臀部が浮いてきます。このタイミングで骨盤を引き寄せます。

- □ 腕で持ち上げていませんか。腕の力で上に引き上げるのではなく、頭を下げてもらうイメージで足に重心が乗るように誘導します。

- □ ズボンやベルトをつかんでいませんか。また、手のひらを上に向けて脇を支えていませんか。いずれも腕で持ち上げる力を使ってしまいます。

- □ 手のひらで臀部を持っていませんか。介助者の親指の付け根を仙骨部に当て、仙骨部を前に引き寄せてくるイメージで力を加えます。

こんなとき、どうする ❓

Q1 身体が固く、前傾姿勢になりにくい利用者の場合は、どうしたらいいですか。

A1● 高齢者では、股関節の可動域が狭くなってくるため、深く前傾することが難しいこともあります。膝をしっかり固定できていれば、少し前傾する程度で臀部が浮きます。

Q2 脚力が低下した利用者でも、持ち上げずに立ち上がりの介助ができますか。

A2● 尖足(せんそく)やけががなく、足の裏に体重をかけることができれば、利用者の膝に介助者の膝を当てて膝折れを予防し、骨盤を引き寄せる力だけで、立ち上がることは可能です。膝に拘縮や麻痺があっても足に体重をかけることができれば持ち上げる必要はありません。利用者の身体を持ち上げるのではなく、利用者の体重は、利用者の骨格で支えるという考え方です。

+α　こんな介助、していませんか？

　利用者の足の間に介助者の足を入れて、正面から立ち上がりの介助をしていないでしょうか。この方法では、重心が乗っていて最も重い臀部を、介助者が上半身を反ることで斜め上に持ち上げることになります。介助者の腰痛の原因になるほか、利用者も自分で体重を支えることができず、不安定なまま介助者に身をゆだねることになります。介助者が持ち上げ続けなければ、立位の保持は困難になります。また、身体を密着させても、お互いの重心線は重なりません（図参照）。

　特に、介助者より利用者の身長が高い場合、体重が重い場合などはこの方法では困難です。

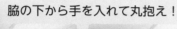
脇の下から手を入れて丸抱え！

重心線　　重心線

　また、利用者のズボンをつかんで引き上げていないでしょうか。ズボンをつかまれた利用者は、どのような気持ちになるでしょうか。決して快適とはいえないと思います。伸縮性のある生地であれば、適切な高さに持ち上げることも困難です。介助者が利用者の体重を支え続けなければ臀部が抜けて立位の保持は難しくなるため、介助者の腰や腕、肩にかかる負担も大きく、腰痛や腱鞘炎のリスクになります。

ズボンをつかんでいる！

4 側面からの座り込みの介助 ——片麻痺の利用者など

　立位から座位になる場合は、まず、利用者にお辞儀をするように前傾姿勢をとってもらいます。頭が下がって十分に前傾姿勢になったら、臀部を下げていきます。介助者は、引き寄せていた利用者の膝と骨盤の支えを緩めることによってコントロールします。

1 膝と骨盤を支え、上半身に腕を添え、脇に入れた手の甲を下に引き込みながら、前傾姿勢をとってもらう。

> 重心移動の邪魔にならないように側面から介助します。

2 介助者が膝と骨盤をゆっくり緩めることで、利用者の臀部が下がる。脇に入れた手の甲をしっかり起こし、臀部が着地するまで頭を引き寄せて前傾姿勢を維持する。

> 骨盤を支える手が伸びきってしまうと、支える力が発揮できないため、足を広めに開いて、利用者と一緒に腰を下げていきます。

> 引き寄せが弱く上半身が直立してくると、急に重心が臀部にかかるため、介助者が引っ張られ、ドスンと着座することになってしまいます。

3 膝を合わせたまま、引っ張り合いながら一緒に腰を下ろす。

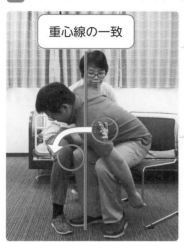

重心線の一致

膝を中心にお互いに引き合うことで、重心線を一致させたまま着座します。

着座直前で止まるようなイメージでスピードを落として、ゆっくり座ります（腰椎圧迫骨折の予防）。
介助者は、着座するまで腕が伸びないように一緒に座るようについていきます。

4 ゆっくり上半身を起こす。

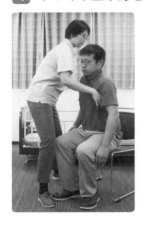

ポイントチェック ☑

- □ 着座するまで利用者の上半身を引き寄せ、前傾姿勢を維持できていますか。いすなどに座る動作は、前傾姿勢になってから着座することによって、臀部と頭でバランスがとれるので、ゆっくり座ることができます。上半身が直立したまま座ろうとすると、臀部に体重がかかり、ゆっくりと座ることができません。
- □ 膝の支えを緩める前に、脇の下に差し入れた手の甲を返すように利用者の上半身を引き寄せていますか。

こんなとき、どうする ❓

Q1 ● 最後は、ドスンと着座してしまいます。

A1 ● 利用者と一緒に座るイメージで、臀部が座面に着地するまで上半身は引き
寄せておくようにしましょう。

Q2 ● 体格のよい利用者の場合、座る際に引っ張られてしまい、ゆっくり
座ることができません。

A2 ● 利用者との体重差がある場合、体重の軽いほうが先に座り、重いほうがそ
れに合わせて座っていくとバランスがとれます。介助者の体重のほうが利
用者よりも軽い場合は、介助者の臀部を先に下げていくとバランスがとれ
ます。

+α　**こんな介助、していませんか？**

❌ 利用者をいすに押している！　　　❌ 重心線が離れる！

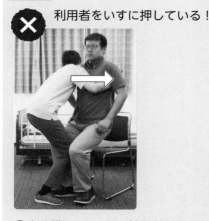 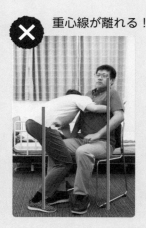

①座る際に、いすに利用者を置きに行こうとすると、利用者を押すような形になり、利
用者が前傾姿勢になれません。

②前傾姿勢がとれず、上半身が直立したまま座ろうとすると、臀部に体重がかかり急に
重くなるため、「ドスン」と座ることになってしまいます。また、着座の直前に、利
用者と介助者の身体が離れるので、コントロールできずに尻もちをついてしまいま
す。座位も浅くなり、腰椎圧迫骨折のリスクも高まります。

5 立位の保持の介助

　ズボンの着脱や陰部の清潔の介助を行う場面で、立位を保持できれば、利用者、介助者ともに負担を軽減することができます。

[①直立した姿勢をとれる利用者]

1 利用者の膝を挟み込むように膝を合わせて膝折れを防止し、利用者の骨盤を前へ引き寄せて利用者の重心が足・膝・腰に乗るように支える。

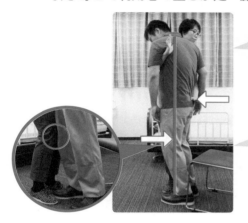

　利用者を持ち上げるのではなく、あくまでも引き寄せて立位を支えます。利用者の体重は利用者の足で支持するため、立位後も膝が離れないようにします。

　介助者は体幹を固定し、膝を固定した状態で後ろに体重をかけることで生じる力（てこの原理）を使って骨盤を引き寄せるイメージです。

2 立位がとれたら、骨盤を引き寄せるため、利用者の臀部から腰のあたりを支える。

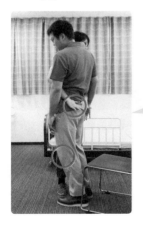

　片手で骨盤を支持することで、もう一方の手を自由に使うことができます。

[②直立した姿勢をとることが困難な利用者]

　腰を伸ばしたり、前傾姿勢をとることが難しい利用者では、介助者と利用者が二人で引き合う力で、バランスをとります。

1 利用者の膝に介助者の膝を垂直に合わせて膝折れを防止し、利用者の上半身から頭越しに脇を支え、介助者の臀部を下げる力で前へ引き寄せて利用者の重心が足・膝・腰に乗るように誘導する。

「重心線」を一致させる

「重心線」を足に乗せ立位を保持する

> 利用者の上半身を持ち上げるのではなく引き寄せるため、手の甲で利用者の脇から腹部のあたりを支えます。
> 手のひらを利用者に当てると、利用者に不快感を与えるだけでなく、持ち上げる力が入ってしまいます。

2 利用者を持ち上げるのではなく、引き寄せながら立位を支持する。利用者の体重は利用者の足で支持するため、立位後も膝が離れないようにする。

ポイントチェック ☑

....

□ 利用者と介助者の重心線を重ね、引き合う力で、その重心線を保持します。この状態で、介助者の重心を後ろに引くようにしながら膝を押すと「てこの原理」が活用できます。介助者の膝、腰骨、脇から入れた手の3点で支持することで片手を離すことができます。

6 床からの立ち上がりの介助

　床から立ち上がる動きは、垂直に移動しているように見えるため、介助するには、抱えたり持ち上げたりする力が必要であると思われがちですが、実際には、他の動きと同様に重心を移しながら軽くなった場所を動かしていくことで立ち上がることができます。

　臀部が床についた姿勢からゆっくり立ち上がってみてください。人間が最小限の力で床から立ち上がるには、一度、両手・両膝をついた姿勢になり、それから立位になっていることがわかります。床からの立ち上がりを介助する際にも、まず両手と両膝をついた姿勢になることから始めます。

[①立位を保持できる利用者]

1 両手・両膝をついた姿勢になるため、まず、臀部の後ろに手をつく。

筋力が低下すると、前傾しながら両手・両膝をつくことは困難なため、力が入りやすいほうの足を4の字になるように曲げます。力の入りやすいほうの手を指先を後ろに向け臀部の後方につきます。

2 頭の重みを利用して、後ろを振り返るようにして臀部を浮かせ、両手・両膝をついた姿勢になる。介助者は必要に応じて臀部を横から支える。

片麻痺がある場合は、健側のほうから振り返ります。

3 いすなどを支えにして、力の入りやすいほうの足（健足）を立てる。

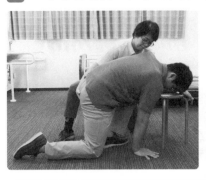 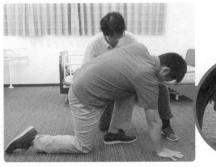 

介助者が片膝を立てて、支えにすることもできます。このときは、利用者の立てた膝の側（健側）から介助します。介助者の手で支えます。

4 いすに肘をついて、体重をかけて前傾姿勢になってもらう。介助者は利用者の立てたほうの膝を支え、押し込むようにして膝を伸ばす。

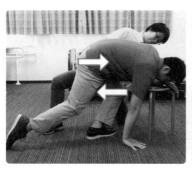 

頭を下げることにより膝を伸ばしやすくなります。臀部を引き寄せる介助を加えるとより少ない力で、臀部が浮いてきます。このとき、臀部と膝が一直線になるように引き寄せます。

ポイントチェック ☑

☐ 重心を順番に移していますか。重心の位置を意識しながら軽くなった部分を順番に浮かせていきます。介助者の重心を後ろに引くようにしながら膝を押すと、「てこの原理」が活用できます。

[②全介助に近い利用者]

1 介助者は利用者の後ろに回り、利用者の足を引き寄せる。麻痺がある場合は健側の足を曲げ、床に足底をつける。

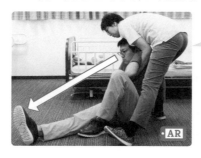

麻痺がなければ、両足を引き寄せて、「体育座り」の姿勢になります。

2 利用者に腕を組んでもらう。麻痺がある場合は患側の手を下、健側の手を上にして組み、介助者は健側の腕だけを脇の下から手のひらで支える。

手のひらを当てておくだけで、腕をつかむ必要はありません。

利用者の曲げた足が外側に倒れる場合は介助者の足で膝を支えます。

3 介助者は片足を臀部の後ろに、つま先を横に向けて置く。もう片足は大きく前に出し、臀部の後ろの足にしっかりと体重をかける。

利用者が片膝を曲げている場合は曲げている側の足（ここでは左足）を大きく前に出します。

4 利用者の腕を手のひらで引き寄せ、利用者の頭を斜め下方向に押すようにして前方の足に大きく重心移動すると、臀部が浮いてくる。

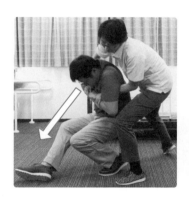

立位後の転倒に注意し、立位を保持します。

5 立位保持が困難な場合は、いすを横付けしておいて、臀部を誘導する。

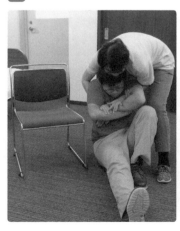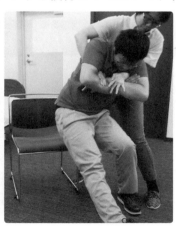

片足だけでも体重をかけることができれば、この方法が活用できます。

ポイントチェック ☑

‥‥

- ☐ 利用者の腕をつかんでいませんか。腕をつかむと、持ち上げる力を使ってしまいがちです。腕を引き込む力で「てこの原理」を活用します。
- ☐ 足を前後に大きく開いていますか。介助者の足の間隔が狭いと重心移動が十分にできません。大きく開いて、後ろの足に体重をかけて、斜め下に押しつけるようにして前方の足に重心を移します。介助者も利用者も頭が上がらないようにします。

＋α　こんな介助、していませんか？

　利用者の後ろに回り、利用者の膝を立てて、前で組んだ利用者の腕を引き上げるように力を加えていないでしょうか。この方法は、「持ち上げる力」を使っているため、介助者も利用者も負担が大きく、利用者のほうが体重が重い場合は不可能です。

❌ 腕をつかんで持ち上げている！

7　立位が難しい利用者の床からの移動の介助

　ベッドや車いすから滑り落ちてしまった利用者が、元の位置に戻る場面の介助方法です。

［ ①一人介助の場合 ］

　ベッドに戻る場合は、ベッドの高さを低くしておきます。ベッドが下がらない場合や、車いすに座る場合は、足台など、20cm程度の台を臀部の横に置きます。

1 利用者は足を曲げ（片足でも可能）、介助者は曲げた足の膝を前方から固定し、移動する方向に片足を置く。利用者の頭越しに両脇から手を入れ、脇腹に介助者の手の甲を当てる。

利用者の足の外側に位置した足の膝をクロスすることで、確実に膝を固定することができます。

2 固定した膝を押し出すように意識しながら利用者の頭を下げ、上半身を引き込む。

膝を軸に後ろに重心をかけるように腰を下ろしていくと利用者の臀部が浮いてきます。

3 浮いた臀部を足台に引き寄せる。

介助者から離れていく方向だと負荷が大きくなるため、引き寄せる方向にベッドや足台を設定します。

4 同様に、足台から車いすやベッドに移動する。

足台などを利用した場合は、再度、同じ動作を繰り返して、車いすやベッドに移動する。

ポイントチェック ☑️
....

☐　持ち上げるのではなく、膝を支点に介助者の重心を下げる力を活用し、上半身
　　を手前に引き込むことによって、利用者の臀部を浮かせます。

[②二人介助の場合]

1　介助者Aは曲げた足の膝を前方から固定し、利用者の頭越しに両脇から手を入
　　れ、脇腹に手の甲を当てる。介助者Bは利用者の後方に位置し、足台の方向を向
　　き、利用者の側面から臀部を挟むようにして支える。

2　介助者Aは、固定した膝を押し出すように意識しながら利用者の上半身を手前に
　　引き込む。介助者Bは臀部を前方に押し上げ、浮いた臀部を足台に誘導する。

介助者Aは、膝を軸に後ろに重心
をかけ腰を下ろしていくと利用者
の臀部が浮いてきます。

第 **4** 章

移乗の介助

1 移乗の動きとは

　移乗は、ベッドから車いす、車いすからベッド、車いすから便座、車いすからシャワーチェアなど、さまざまな場面で行う動きです。また、身体介助のなかでも、頻度が高く、利用者・介助者双方にとって負担が大きい動きであるため、移乗介助の方法によって、利用者・介助者の生活の質が大きく左右されるともいえます。

　移乗時の転倒・転落事故や打撲によるけがのリスクもあるため、安全に配慮することが必要です。**利用者・介助者双方の負担を軽減し、生活の質を高めるには、利用者の状態に応じた、利用者主体の介助方法を身につけることが大切です。**

1 移乗の動き

　移乗するときの利用者の身体の動きに着目してみます。移乗の動きを大きく分けると次の2つの要素に分かれます。

　①上下の動き
　②水平の動き　（前後の動き＋回転運動）

[①上下の動き──利用者が立位をとり、移乗する]

　介助者が利用者の身体に密着して、持ち上げる方法は、利用者が自分で移乗する動きとは異なり、物体として持ち上げられ、横に運ばれる動きになります。介助者の腰痛につながるのはもちろんのこと、利用者の身体にかかる負荷も想像以上です。身体を密着させても重心線は重ならないため、体格差があると双方の身体にかかる負担がより大きくなります。

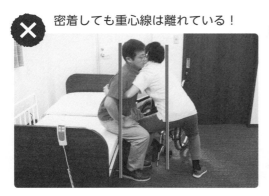

❌ 密着しても重心線は離れている！

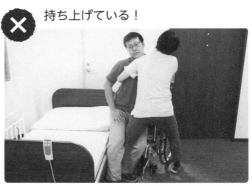

❌ 持ち上げている！

トイレなどで、ズボンの上げ下げを安定した直立姿勢で行いたいなど、立位後に別の目的がある場合はいったん、立位をとることは有効です。しかし、それ以外の場面では、人間が本来行っている［②前後の動き＋回転運動］で移乗しましょう。利用者・介助者双方の負担もリスクも少なくなります。

［ ②前後の動き＋回転運動──利用者が前傾姿勢をとり、移乗する ］

　移乗先との距離が短く、回転角度が小さくて済む場合は、前後の動き＋回転運動で移乗することができます。利用者・介助者双方にとって負担が少ない方法です。

1　「立位の準備」（①浅く座り直し、②足を引き、③前傾姿勢をとる）をして、臀部から足に重心を移す（前への動き）。

2　両足の間の回転軸を中心として臀部を回す。

回転軸

3　足から臀部に重心を移し、深く座る。着座してから上半身を起こす（後ろへの動き）。

着座するまで前傾姿勢を保ちます。

[③人間本来の移乗の動き]

　動きの方向としては前後の動き（臀部から足に重心を移す動作）と回転運動（頭と足の間の回転軸を中心として臀部を回す動作）という水平の力を活用することとなります。上下の動きはほとんど活用していないため、この動きを支援することで利用者・介助者ともに負担が少なくなります。

　車いすのアームサポートを迂回するための方法としては、臀部を上げて越えるのではなく、前傾して、足に重心を乗せる動きで前方に臀部が出ることによって、アームサポートの前を臀部が通過し、着座するタイミングで臀部を後ろに戻すという前後の動きを活用します。

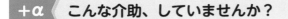

+α　こんな介助、していませんか？

❌ 足の間に足を入れる！

❌ 身体を密着させて上に引き上げる！

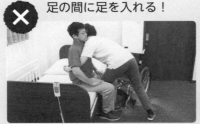

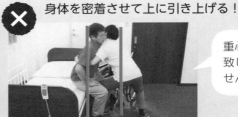

重心線は一致していません。

❌ 引き上げた勢いでターンする！

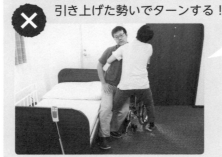

持ち上げ続けなければ、転落してしまうため、一気に回転せざるを得ません。

利用者の両足がそろっていたり、ベッド側の足が前に出ていたりすると、回転するときにねじれてしまいます。狭い空間に介助者の足を含めて、3本の足があって絡まり、利用者の足首やつま先がベッドフレームやフットサポートにぶつかってしまいます。

❌ 利用者の足がねじれる！

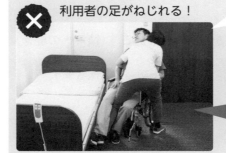

尻もちをつくように座る！

重心線が離れると支えられないので、着座の際は、ドスンと尻もちをついてしまいます。

◆「持ち上げる介助」のデメリット

＊身体的な負担が大きいため、動きが速くなり、上下の動きが大きくなります。特に着座の際に、尻もちをつくような形になりやすくなります。

＊身体を密着させることで、足元が見えなくなるため、回転するときに利用者の足がねじれても気がつかず、ベッドフレームやフットサポートに挟んだりぶつけたりして、表皮剥離(はくり)や内出血・打撲痕(だぼくこん)をつくってしまいます。これらの症状は、ほとんどが移乗時に生じていると考えられます。

＊意図的でなくても、仮に介助時に利用者にけがを負わせてしまった場合、結果として身体的虐待とみなされる場合もあります。

2 移乗の準備

[①利用者の準備]

　移乗介助においても「立ち上がりの準備」（18ページ参照）を行います。

＜立ち上がりの準備＞

①浅く座り直す。

②足を手前に引く。

③前傾姿勢になる。

[②移乗先の設定]

　車いすをベッドに対して約30度に設置します。足や臀部と最短距離になるのは、ピッタリ「横づけ」ですが、移乗の動きは平行移動ではなく回転運動なので、回転軸からの距離を基準にします。

　「回転軸」は、利用者の両足の間にあります。この回転軸を基準にすると、約30度の位置が最短距離になります。車いすを約30度につけることによって、回転軸から離れてしまう場合（フットサポートがベッドフレームにぶつかるなど）は、30度にこだわらず、回転軸に最も近づくように車いすを設置することが重要です。

ピッタリ横づけ！

回転軸

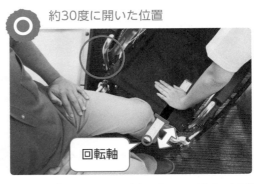

約30度に開いた位置

回転軸

　また、ピッタリ「横づけ」にすると、アームサポートを取り外したり、跳ね上げたりできないタイプの車いすであれば、利用者の臀部がアームサポートの上を越える動きが必要になります。約30度につけることによりアームサポートの位置が後ろに下がるため、移乗時に臀部をアームサポートの前を迂回させることができ、利用者の臀部は、ほぼ水平移動することが可能になります。

　ただし、この位置は回転軸を中心にした回転運動を活用して移動する場合であり、スライディングボードを活用する場合など、平行移動をする場合は、ピッタリと横づけにすることで、臀部に最も近づけることが可能になります。また、回転する角度は30度よりも小さくなる利点があるので、どのような動きをするのかにより、適切な位置は変動することを理解しておきましょう。

スライディングボード使用時

ピッタリ横づけ

臀部は回転運動ではなく平行移動になります。

[③利用者の足の位置の設定]

立位後、足踏みをして回転できる利用者——立つのに適した位置

　浅く座り直し、両足ともに「立つ」のに適した位置（膝の真上から見て、つま先だけが見える位置）に足を引きます。

立ち上がりに適した足の位置

安定した立位がとれない利用者、足踏みが困難な利用者——足のねじれを防ぐ位置

　浅く座り直す際に、移乗先に近いほうの腰をやや前に出すように設定します。または、移乗先に近いほうの足を前方に出すことで、足のねじれを減少させることができます。前に出した足のかかとをできるだけ移乗先の方向に向けます。もう一方の足は身体の中心線に置き、膝の真上から見て、つま先だけが見えるように設定します。介助者は、身体の中心線に置いた足の膝を固定して立位介助を行います。

◎ 足のねじれを防ぐ位置

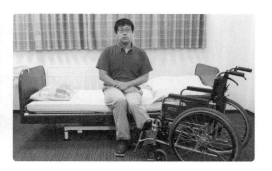

足がねじれる！

足の位置が悪
いとねじれる

ねじれない

足の位置を正
しく設定する
とねじれない

自立支援の視点から考える移乗先の設定位置

　「自立支援」の視点から、できるだけ利用者の力を活用できるように、移乗先を健側に設定することが一般的です。利用者のけがを予防するには、足がねじれないように足の位置を設定することが大切ですが、移乗先を健側に設定すると、移乗先に近いのは健側の足になり、それを前に出してしまってはせっかくの力は十分に活用できなくなります。

　では、どのように考えたらよいのでしょうか。人は健側の方向には自力で移乗できますが、患側に移乗することは困難です。つまり、利用者の力を活用するためには健側に移乗先を設定する必要があります。一方で、立位が難しく、全介助が必要な利用者の場合はどうでしょうか。全介助の場合は、患側に移乗先を設定し、移乗先に近い患側の足は前に出してもらい、健側の足をしっかり引きつけて膝を固定することで、わずかながらでも残った筋力や膝関節の可動域を活用することが可能となります。

　つまり、利用者の状態と介助方法に応じて、移乗先の設定位置を検討する必要があるのです。

2 移乗の介助

1 立位から方向転換する方法 ——立位と足踏みが可能な利用者

　立ち上がりの動作に介助が必要でも、立位や足踏みが可能な利用者の場合は、健側に移乗先を設定します。足の位置は、立ち上がることを優先します。

　「立ち上がる」「方向転換する」「座る」の3つの動きをそれぞれ行うイメージです。生活のなかで、安定した立位をとることや重心を移動しながら歩行することなどをリハビリテーションとして行う場合には有効な方法です。

1 浅く座り直し、両足を引いて前傾姿勢になり、足に重心を乗せる。介助者は、利用者の患側側面から膝と骨盤を支え、前方への転落を防ぐため、利用者の脇に手を添える。

膝の真上から見て、つま先だけが見える程度に足を引きます。
患側の膝に介助者の膝を当てて固定します。
利用者の頭が膝の前に飛び出るくらいまで前傾姿勢になってもらいます。

2 介助者は、膝を押しながら骨盤を引き寄せ、立ち上がりを介助する。

3 足踏みをして回転する。立位になってから患側の足に体重を乗せ、健側の肩を引き寄せながら足踏みをするように方向転換を繰り返し、臀部を車いす側に向ける。

 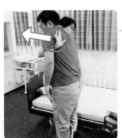

片麻痺の場合は、患側の膝を支えます。足踏みしにくい場合は、身体を左右にゆっくり揺らし、重心移動を促します。
身体を揺らし、健側の足が浮いたタイミングで肩甲骨を支えている手を引くと、身体が回転して健側の足を前に出すことができます。

4 脇の下に入れた手を引き寄せ、前傾姿勢を意識して、固定した膝を中心にして
介助者と利用者が引っ張り合う力を使ってゆっくり座る。

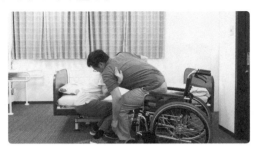

膝と骨盤をゆっくり緩めることによって臀部が下がります。介助者の骨盤を支える
手が伸びきってしまわないようにします。曲げたまま固定することで、ゆっくりと
座れるように支え続けることができます。

ポイントチェック ☑

☐ 座るときに介助者も一緒に腰を下ろしていますか。座るときには利用者を移乗
先に「置く」のではなく、介助者が座るようにゆっくり腰を下ろすことで静か
に着座できます（着座の直前に止めるようなイメージ）。

☐ 体格差がある場合、体重の軽いほうが先に腰を下ろしていますか。介助者と利
用者の体格差（特に体重差）がある場合、軽い人が先に腰を下げていくとコン
トロールが可能になります。

こんなとき、どうする ❓

Q● 片麻痺があり、足踏みがうまくできません。

A● 動かすことができるのは健側の足です。健側の足を動かすには患側の足に重
心を移動する必要があります。患側の足をしっかり支え、体重を患側に乗せ
たときに脇の下の手を引き込んでください。膝を固定しても足踏みが難しい
場合は、次の「2　立位をとらずに膝を固定して回転する方法――立位が困
難な利用者」の方法で対応してください。

2 立位をとらずに膝を固定して回転する方法 ——立位が困難な利用者

　立位や立位後の方向転換が難しい利用者の場合は、けがを防止するため、足がねじれないことを優先した介助（足の位置）を行います。健側の足の力が活用できる場合は患側に移乗先を設定します。健側の力も弱い場合、移乗先はどちらでも可能です。

1 車いすを約30度開いた位置に設置する。浅く座り直し、移乗先の車いすの方向に臀部を向ける。

全介助が必要であっても、健側の足に力が残っている利用者の場合は、車いすは患側につけます。
移乗先の車いすに近いほうの足（患側の足）を前に出し、可能な範囲でかかとを車いす側に向けます。健側の足を回転軸に近づけて、可能な範囲でかかとを車いすに向けます。

車いすを患側につけることによって健側の足を手前に引き、重心を乗せることができます。足のねじれを予防しつつ、健側の足の力も活用しやすくなります。

2 介助者は膝とかかとをつけて、利用者の軸足の膝を固定する。介助者は腰のねじれを防ぐため、移乗先に近いほうの膝とつま先を車いすに向ける（L字に固定する）。

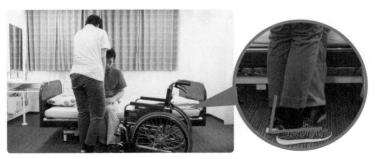

3 膝を固定した状態で利用者が前傾姿勢になれるよう、介助者は利用者の側面に回り、脇を軽く支えて十分に頭を下げてもらう。利用者の重心線の上から介助者の重心を重ね、もう一方の手で骨盤の下の部分を支える。

手のひらでつかんだり、ズボンを持ったりしないように注意します。

4 介助者自身の身体を固定し、臀部を下ろす力を利用して、利用者の骨盤を斜め手前に引き込む。

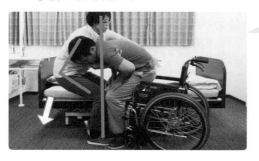

介助者は両手と体幹を固定し、利用者の頭側の肩を下げるようなイメージで膝を押し出すと利用者の臀部が浮きます。介助者の上半身を反らせて持ち上げるのではなく、臀部を下げる力で「てこの原理」を活用します。

5 膝と骨盤を固定したまま介助者自身の臀部を回し、介助者が座るようなイメージでゆっくり着座する。

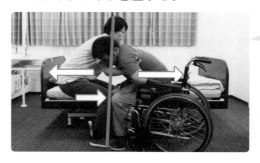

着座する瞬間は、お互いに後ろに重心をかけると引っ張り合う力でゆっくり座ることができます。着座するときに介助者の膝で利用者の膝を押し込むようにして腰を落とすと、深く座ることができます。

＋α　膝を固定する方法

両足でＬ字型に膝を固定する

　移乗の介助については、膝を軸にして回転するため、介助者の軸足（移乗先に近いほうの足）の膝とつま先を進行方向に向けておくことが重要です。「Ｌ字型」で固定するイメージです。

かかとをつけて、膝の内側の部分で利用者の膝に合わせるように挟むと膝が抜けません。

✕ かかとが開いている！

かかとが開いて外側から膝を挟もうとすると、膝が抜けてしまい、膝折れしてしまいます。

前方から片膝で固定する

　介助者の足を利用者の足の外側に置き、膝を内側に入れます（足を内側に入れ、膝を外に出す方法でもよい）。膝の下部分で押し合うようにして固定します。

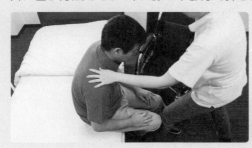

腰のねじれを防ぐため、介助者は右足のつま先をなるべく進行方向に向けます。

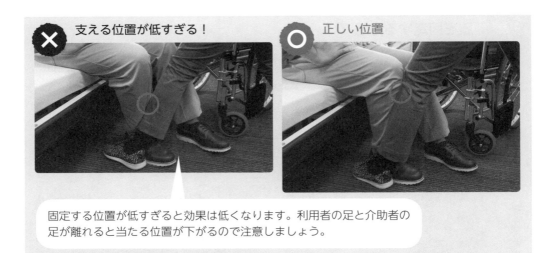

固定する位置が低すぎると効果は低くなります。利用者の足と介助者の
足が離れると当たる位置が下がるので注意しましょう。

ポイントチェック ☑

□ 利用者の重心線の上から介助者の重心線を重ねていますか（重心線の一致）。

□ 持ち上げる力を使っていませんか。利用者の臀部を浮かせる際は、骨盤と脇の
下を支えますが、そこに力を入れて持ち上げるのではありません。介助者の体
幹を固定し、膝を押すようにしながら、介助者の臀部を下げて、後ろに引き込
むと利用者の臀部は浮いてきます。2〜3㎝浮いたらゆっくり回転します。

□ 介助者の臀部を、着座点に対して対角に回していますか。利用者の臀部を車い
すに置きに行ってしまうと、座位が浅くなったり、アームサポートにぶつかっ
たりします。介助者自身の臀部を、移乗先の着座点の正面にくるように回転す
ることによって、利用者を回転させます。力の使い方としては、持ち上げるの
ではなく後ろに引く力で浮かせ、自分が回転する力で利用者を回転させるイ
メージです。

□ 着座の際に、引っ張り合う力を使っていますか。着座の瞬間はお互いに後ろに
重心をかけると引っ張り合う力でゆっくり座ることができます。膝は離れない
ように意識します。

こんなとき、どうする❓

Q1 介助の際は、足を開いて支持基底面を広げると習ったのですが。

A1 一般的に介護技術では、支持基底面を広げることにより、体重移動を使え

るようになり、より大きな「力」を発揮することが可能になるといわれています。ただし、これは持ち上げたまま、横に平行移動することが前提の場合です。二人で一つの重心線をつくる場合は、横に移動するのではなく、回転軸を中心に回る動きを行うため、膝を固定することが優先されます。

　ベッド上での移動介助など平行に大きく重心移動させる場合などでは支持基底面を広げることが優位な場合もありますが、回転軸を意識した移乗の動きでは、支持基底面が狭くなっても回転軸がぶれないよう、かかとを閉じて、Ｌ字型に膝を固定することのほうがメリットがあります。

利用者と介助者二人でのバランス

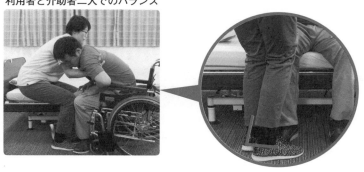

Q2 両足ともに力が入りません。どちらを軸足にすればいいですか。

A2 健側の足に力が残っていない場合（活用できない場合）は、移乗先を患側・健側のどちらに設定しても大きな影響はありません。膝が曲がり、足の裏が着地できて体重をかけることができる側の足を軸足にします。

Q3 どちらの足を固定すればいいですか。

A3 移乗の介助では、軸足は原則として移乗先から遠いほうの足になります。ただし、利用者の足の状況により、固定できる足が限定されている場合はその限りではありません。

Q4 体格のよい利用者の場合、前から片膝を固定して引き寄せても臀部が浮きません。

A4 利用者と介助者の体重差が大きい場合は、正面からの介助方法では互いの臀部の距離（重心の位置）が離れるため、膝をしっかり固定しても臀部が浮かないこともあります。その場合、側面から介助すると、介助者が利用

者の臀部に近づくことができ、重心線が重なるため、負担が軽減します。また、利用者の前傾姿勢を妨げることがなく、利用者の重心の移動を感じることができるためコントロールがしやすくなります。

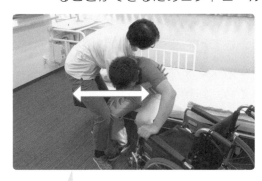

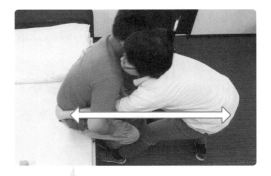

横から重心線を重ねると、お互いの臀部の距離が近づく。

正面からの介助では、お互いの臀部の距離が離れる。

＋α　軸足と着地点について

　健側・患側に関係なく、足のねじれを予防するには移乗する側の足を前に出します。もう一方の足が軸足となります。軸足の位置から臀部までの距離を測ると、座面の着地点が設定できます。利用者の身長が低かったり、車いすの形状や家具の配置などの環境により、移乗先を最短距離に設定できない場合などは、移乗した際に着地点が浅くなってしまう可能性があります。そのときは、あらかじめ軸足を移乗先に近づけておく必要があります。利用者の身体の中央に軸足を置くことで、回転するときのバランスも保ちやすくなります。

この位置関係では、座位が浅くなります。

3 利用者を背中に乗せる方法
——体幹が不安定な利用者など

　利用者の身長が高い場合や体幹が不安定な場合は、介助者が利用者の上半身の下に入り、移乗介助を行います。

1 利用者は、浅く座り直し、足の位置を調整する。このとき、足がねじれないように、移乗先に近いほうの足を前に出す。

2 介助者は移動する側の膝を立て、移動する側に身体を向ける。

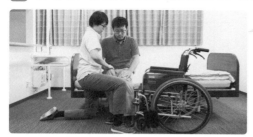

> ここでは、車いす側に身体を向け、利用者に近づきます。

3 利用者の上半身の下に入り、膝を固定する。

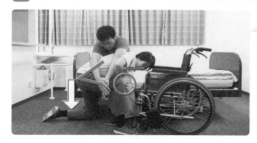

> おへそのあたりに肩を入れるようなイメージです。低い位置に入ることで、利用者は前傾しやすくなります。

4 介助者は膝と骨盤を支え、体幹を固定し、腰を下ろしながら膝を押すと利用者の臀部が浮いてくる。

> お互いの臀部を最短距離にします。

> 介助者は、利用者を持ち上げるのではなく、膝を手で押しながら腰を下げることで「てこの原理」を活用し、利用者の臀部を浮かせます。臀部は2～3cm浮けば十分です。

5 利用者の臀部が浮いたら、骨盤と膝を固定したまま、すぐに回転し始め、膝を緩めながらゆっくり座るように腰を下ろす。

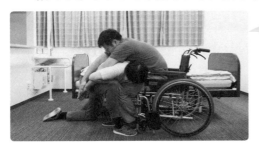

> 介助者の姿勢が高くなると利用者の上半身が直立し、重く感じます。
> 介助者自身の重心を下げるようにして着座します。

ポイントチェック ☑

- ☐ 利用者は浅く座っていますか。足の位置は確認していますか。
- ☐ 利用者を持ち上げようとしていませんか。介助者が腰を下げながら、利用者の膝を押すと、利用者の臀部が浮いてきます（「てこの原理」の活用）。
- ☐ 介助者の肩が高い位置に入っていませんか。
- ☐ 正面から介助者の身体を入れていませんか。

+α 介助者が入る位置

✗ 入る位置が高い！

◯ 利用者のおへそに肩を当てる

> 介助者の入る位置が高いと、利用者は前傾姿勢がとれません。その結果、「てこの原理」が活用できず、持ち上げる介助になってしまいます。また、介助者の肩が利用者の脇腹を突き上げる状況になり、利用者は痛みを感じます。
> 利用者のおへそに介助者の肩を当て、利用者の太ももに介助者の胸を当てるようなイメージで行いましょう。

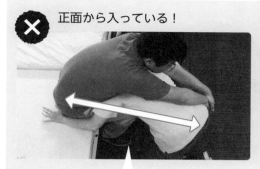

❌ 正面から入っている！

⭕ 移乗先に身体を向ける

利用者の正面から身体を入れると、体重がかかっている臀部までの距離が長くなり、重たく感じます。また、臀部が浮いても、移乗先までの回転の角度が大きくなります。
移乗先に介助者の身体を向けると臀部までが最短距離になり、力を活用しやすくなります。

こんなとき、どうする❓

Q1 トイレなどで床に膝をつくことができない場合は、どうしたらいいですか。

A1● 膝をつくことができない場合は、介助者の足を広く開き、深く前傾姿勢になります。

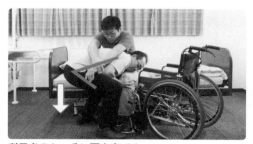

利用者のおへそに肩を当てる

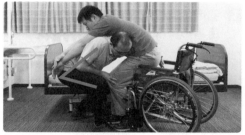

体幹を固定し介助者の腰を下げることで「てこの原理」を活用する

Q2 尖足^{せんそく}やけがなどにより足に体重をかけることができない場合は、どうすればいいですか。

A2● 利用者の足に負荷をかけられない場合は、介助者は移乗先に近いほうの手で利用者の膝を下から抱えます。

体幹と腕を固定し、介助者の腰を下げることで「てこの原理」を活用する。

4　利用者の脇を背部から支える方法 ——体格のよい利用者など

　身長の高い利用者、体重の重い利用者、上半身の緊張が強く、深く前傾することが難しい利用者に有効な介助方法です。

1 立位の準備をします。利用者は浅く座り直し、足の位置を調整する。このとき、足がねじれないように移乗先に近いほうの足を前に出す（ねじれを予防する）。

2 利用者の膝を固定する。介助者は膝とつま先を移乗先に向け、Ｌ字に固定すると安定する。

3 利用者に介助者の脇の下に入り込むように前傾してもらい、介助者は上から利用者の腹部に両手の甲を添える。

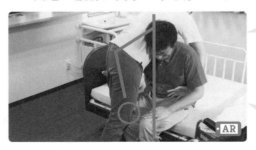

利用者の重心線に介助者は上から自分の重心線を重ね合わせるイメージです。

つかんだり持ち上げたりはしないように手のひらではなく手の甲を添えます。

4 介助者は臀部を高くして体幹を固定し後方に重心を移しながら臀部を下げると、「てこの原理」により利用者の臀部が浮いてくる。利用者の臀部が浮いたら、すぐに回転する。

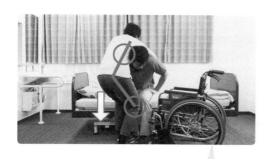 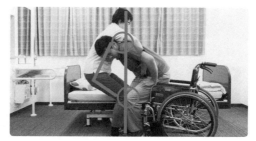

利用者の肩が当たっている部分（介助者のみぞおちのあたり）がずれないように、手の甲で身体を固定します。この位置がずれると、力が分散してしまいます。

5 介助者は腰を下げるように膝を曲げ、利用者の膝を押しながらゆっくりと着座する。

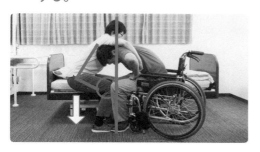

+α 　**利用者の体幹が不安定で、前傾が深くなりすぎてしまう場合**

1 浅く座り直し、足の位置を調整する。介助者は膝をL字に固定する。

2 利用者にできるところまで前傾してもらい、介助者は、上から利用者の腹部に移動する側の片手を深く入れる。上から重心線を重ね合わせるようにして、腹部に入れた手と介助者の上半身で挟むように固定し、もう一方の手で骨盤を固定する。

手の甲を腹部に当てるようにして、つかんだり、持ち上げたりしないようにします。

3 介助者は臀部を高くし、体幹を固定する。後ろに重心をかけながら臀部を下げると利用者の臀部が浮いてくるので、すぐに回転し始める。

利用者が前傾姿勢になることで、介助者の膝に重心が移り、利用者の臀部が浮いてきます。

4 介助者は腰を下げるように膝を曲げると利用者の膝が押し込まれ、ゆっくり着座できる。

ポイントチェック ☑

□ 利用者は浅く座っていますか。

□ 持ち上げていませんか。腹部に当てるのは手の甲です。手のひらを当てると、指先に力が入り、利用者に不快感を与えます。また、持ち上げる力が働きやすくなります。

□ 重心線を重ね合わせていますか。利用者の頭越しに介助者の上半身を合わせることによって、利用者の重心線に介助者の重心線を一致させます。

□ 介助者の重心移動が利用者に伝わっていますか。介助者に当たっている利用者の身体が抜けてしまわないように固定し、膝を軸に介助者が後ろに腰を下ろす力を使って利用者の臀部を浮かせます。

□ 介助者の臀部が着座点の正面に位置するように回転していますか。

こんなとき、どうする ❓

Q1● 上半身の緊張や拘縮が強い利用者の場合はどうすればいいですか。

A1●「4 利用者の脇を背部から支える方法──体格のよい利用者など」(60

ページ参照）で行います。上半身の緊張が強い人ほど上半身を引き寄せると臀部は浮きやすくなります。介助者に寄りかかることが困難なほど、緊張や拘縮が強い場合は、介助者が背中越しに迎えに行きます。Ｌ字の固定のままでは届かないので、片膝はしっかり固定したままで、もう片方の足を前に出します。引き寄せるときに前に出した足も引き寄せます。

Q2 体幹の保持が難しく、引き寄せるときに利用者の身体が抜けてしまいます。

A2● 「利用者の体幹が不安定で、前傾が深くなりすぎてしまう場合」（61ページ参照）の方法で行います。

Q3 片足が尖足（せんそく）で体重をかけることができません。足の位置をどのようにすればよいですか。

A3● 麻痺や尖足のある患側の足を大きく斜め前に出し、固定した健側の足に体重をかけるようにします。患足をフットサポートや足台にあらかじめ乗せれば、重心がかかりません。

5 スライディングボードを活用する方法

[①移乗先との間にすき間がほとんどない場合]

1 移乗先の車いすを横づけしてアームサポートを外す。

2 利用者の上半身を倒し、浮いた臀部の下にスライディングボードを差し入れる。

> このとき、前へ滑り落ちることがあるため、座位は浅くしません。また、臀部の半分はベッドに接するようにします。移乗先を低くすると、滑り落ちる危険が高まります。移乗先を同じ高さにすることが基本です（移乗先のほうが高くても可能です）。

3 利用者の足がねじれないように、移乗先に近いほうの足を一歩前に出し、膝を固定する。

4 スライディングボードに乗っている側の臀部に重心を移すように進行方向（ここでは車いすの方向）に上半身を倒す。

> 上半身を傾けることで、スライディングボードと臀部の接触面を減らすことができます。

5 利用者の骨盤を押し出すようにして、ゆっくりスライディングボードの上を滑らせる。

6 移乗後、上半身を傾け、スライディングボードを抜く。

[②移乗先との間にすき間がある場合]

　移乗先との間隔が12cm以上開いてしまう場合は、小型のスライディングボードを活用することができます。小型のスライディングボードでは、移乗先との間隔を20cm開けることができ、160kgまでの耐用が可能な物もあります。

1 スライディングボードは、すき間を埋めるように設置する。スライディング
ボードを利用者の臀部の下に挟み込む方法は、一般的なスライディングボード
と同様。

> 滑り落ちることを予防するため座位は浅くしません。

2 前方への転落を防ぐため、介助者は膝を固定し、ボードの上で臀部を回転させ
るように、ゆっくり滑らせる。

> 介助者は、利用者の骨盤を支える手でスピードを調節します。高低差をつけると勢いがついて危険です。転落に注意します。

> 上半身をボード側に倒し、臀部の接触面を減らし摩擦を少なくして、ボードの上で臀部を回転させます。

+α 乗用車への移乗の介助

　立位が可能な利用者は、乗用車を利用することも少なくありません。

　ここでは、左片麻痺の利用者が乗用車の助手席に座る方法を解説します。介助者の立ち位置や保護する場所は、利用者の安全を優先して判断します。

1 助手席のドアを全開にし、車いすを車体に対して約30度につける。

2 上半身を横に傾け、浮いたほうの骨盤を回転させるようにして、浅く座り直す。健側の足（右足）のかかとをシートに向けておく。

> 立ち上がるために浅く座り直すことを考慮し、前すぎないようにします。
> 利用者の身長が低い場合は、足台を使用します。

3 患側の膝（ここでは左足）を介助者の左足で固定し、健側の手（右手）をダッシュボードについて、前傾してもらう。骨盤を斜め前方に引き寄せながら、膝を押し出すようにして、立位をとる。足からではなく臀部からシートに座るように説明し、頭をぶつけないように前傾してもらう。

> 車両のフレームに意識を向けてもらいます。介助者は、右手の甲を車両フレームの内側に当て、万が一、利用者の頭部が当たってもけがをしないようにします。このとき、利用者の頭を押さえることは避けましょう。

4 介助者の左手を利用者の左腰骨に当て、介助者の右膝をシートにつけるようにして、利用者の臀部の橋渡しをする。再度、前傾を促し、利用者の左膝と左腰を回転するように動かし、シートに移乗する。

> 膝を固定し、利用者の骨盤を回転させるように動かします。

シートに介助者の右膝を押しつけておき臀部の橋渡しをし、滑り落ちるのを防止します。介助者の右足に利用者の臀部が乗っていれば転落することはありません。利用者の臀部がシートにしっかり乗るまでは介助者の足は抜かないようにします。

5 利用者に健側の足（右足）を入れてもらう。利用者の背中を介助者の右手で後ろから支え、上半身を後ろ（背もたれ）に倒しながら患側の足を入れる。

重心を後方に傾けてもらうと、患側の足が軽くなり、片手で介助して動かすことができます。

6 両足を引いて、健側の手をダッシュボードについてもらう。手をつけない場合は、介助者は、前方への転落を防ぐため、左手を利用者の脇の下に軽く差し込み、重心を前にかけてもらう。

このとき手を深く差し込むと前傾姿勢を止めてしまうので注意します。

7 利用者に、頭をダッシュボードにつけるようにして前傾してもらい、介助者は、右手で利用者の臀部を斜め前方に引き寄せながら、利用者をシートの中央に移動する。

利用者の座っている位置に介助者が座り込むようにして、臀部を押し込みます。

> ### コラム　「寄り添う」とは…
>
> 　利用者Ａさんから学んだことがあります。Ａさんは、片麻痺のある高齢者で、いわゆる「ゴミ屋敷」に一人で暮らしていました。ホームヘルパーとデイサービスを利用してもらい、ようやく文化的な生活が可能になったように思えたころ、たまたまデイサービスで私を見つけたＡさんから話があると言われ、相談室で話を伺いました。
>
> Ａさん：ここのスタッフはわしに頑張れ頑張れという。障害者が健常者から頑張れと言われたらどう感じるか知ってるか。
>
> 私：……。私は障害をもったことがありません。きっとわかっていないと思います。どのようにお感じになったか教えていただけませんか。
>
> Ａさん：あんたは、一番わしの生活を知っていてくれてると思ってこんな話をしてるんや。ヘルパーさんたちにはよくしてもらってるよ。でも週2回や。デイサービスで風呂も入れてもらってるよ。でも週1回や。24時間365日のうち、それ以外の時間はわし一人で生活してんねん。そりゃゴミ屋敷みたいな家で住んでたよ。でも、何とか一人で生活してきた。自分なりに精一杯生きてきた。健常者から頑張れと言われたら障害者は、「ああ、この人は自分の側には永久に立ってくれへん人や」と思う。結局、他人事やろ。
>
> 　衝撃でした。体育会系で育った私は、散々頑張れと言われてきましたし、散々頑張れと言ってきました。それが励ましだと疑いもしませんでした。しかし、精一杯頑張っている人が頑張っていることを認められることなく、もっと頑張れと言われることは、まさしく「他人事」だからだと言われても致し方ないと思ったのです。もちろん、リハビリ効果が出てきている状況の人には励ましの言葉になる場合もありますので、言葉として全否定するつもりはありません。
>
> 　その後、利用者に対して「頑張りましょう」（現状否定）という言葉が出かかるたびに、Ａさんの言葉が思い出され、1回飲み込んでから使うようになりました。その代わりに「よく頑張られましたね」（承認）という言葉は出し惜しみしないように心がけるようになりました。現状否定よりも承認が生きる意欲につながることを学んだからです。寄り添うとは、不自由ななかでも自分であり続けようとサバイバルし続けている利用者の苦労に思いをはせ、「そうですよね。しんどいですよね」というところから始まらなければならないと思うのです。
>
> 　治る病気や障害なら頑張るモチベーションをもちやすいでしょう。しかし、介護を必要とする利用者の多くは、その時期をとっくに過ぎ、治療の専門家が手を尽くしても、どうしようもなくなった人たちなのです。それを治すすべももたない介助者が、治療の専門職と同じ側に立って「頑張れ」というのは話が違うのではないでしょうか。介助者は、利用者に寄り添う立ち位置でありたいと思います。

第 **5** 章

歩行の介助

1 歩行の動きとは

　歩行は自力での移動方法として中心になる手段です。しかし、人間は2足歩行を行うことから歩行と転倒は切っても切れない関係にあります。

　片麻痺、筋力低下、認知症、パーキンソン病など、歩行が困難となったそれぞれの原因や特徴を理解するとともに、それぞれの危険性を予測しながら介助することが大切です。介助者は、危険性を察知しながら最も大きな事故が起こる可能性が高い場所に位置することが重要となります。

　事故が起こる最大の原因は、歩く動作に必要な重心移動がスムーズにできなくなり、足が出にくくなることです。歩く動作は非常に複雑な重心移動を繰り返し、片足で体重を支えながら、もう一方の足を踏み出していきます。歩行介助では下記の2つが重要なポイントになります。

・片足を浮かすことができるように重心移動を支援すること
・片足になったときに支えられるように支援すること

　これらのことが理解できていないと、介助者が一方的に転倒を予防しようとして身体を密着させたり、上半身を固定してしまうことによって利用者の重心移動を阻害してしまうことになり、不適切な介助方法が事故を誘発させる例が少なくありません。

2　歩行の介助

1　声かけと見守りでの介助

　「見守り」とは、単に利用者の近くにいることや、視線で追いかけていることではありません。ふらついたり、転倒しそうになったりなど、いざというとき、対応できる位置取りが大切です。

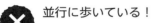 並行に歩いている！ 半分身体を向けている

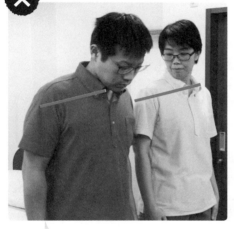

介助者と利用者の肩の線が並行になった位置では、ふらついたりしても手を出すことができません。

介助者が身体を半分、利用者のほうに向け、自分の両肩の間で利用者をとらえるようにしておくと、いつでも支えられます。

2　手引きによる介助
——麻痺はないが歩行が難しい利用者

　筋力はあるのに、スムーズに歩くことが難しい利用者は、重心移動ができずに、片方ずつ足を前に出すことができない状態になっていることが考えられます。歩こうとすればするほど、両足のつま先に重心がかかり、足が出しにくくなります。

1 前から腕を支え、介助者とともに左右にゆっくり身体を揺らし、足踏みを促して、左右に重心を移動する。

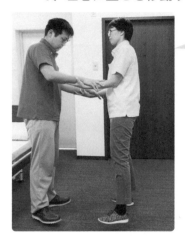

足踏みができなくても肩が交互に揺れていれば重心移動はできています。

2 浮いたほうの腕を引くと同時に反対側の腕を少し押し出すようにすると、肩と骨盤が回転し、足が前に出る。反対側も同様に行い、連続させる。

利用者の肩が左右交互に前に出るように介助すると、骨盤が回り、左右の重心移動を回転運動に変えることができ、歩行が可能になります。

3 足が出にくくなったり、つま先歩行になったりした場合は、一度、止まり、再度、左右に揺れ、足踏みをして重心移動を行ってから同様に歩行を促す。

ポイントチェック ☑

………………………………………………………………………………………

☐ 利用者の肩を見ながら介助していますか。左右の肩が足を出すのと同時に交互に前に出ていれば、骨盤も回転しています。両肩が交互に出てこなければ、つま先に重心が乗っていて、前に引っ張っている状況です。これは危険ですので、再度、身体を左右に揺らすことから始めてください。

こんなとき、どうする❓

Q1● 円背で歩行困難な利用者がいます。

A1● 円背等で前傾姿勢が強い利用者も左右の揺れを回転運動に変換する支援で歩行がしやすくなる場合があります。円背の利用者では、強い前傾姿勢によりつま先に重心がかかり、左右の重心移動が困難になり足が上がりにくくなるからです。遠くを見るように視線を上げてもらうと、足の裏全体に重心がかかりやすくなり、効果的です。

Q2● パーキンソン病の利用者で、歩行がスムーズなときとそうでないときがあります。

A2● パーキンソン病の治療薬を服用している場合、傾向として「オン・オフ現象」（治療薬の効果で動きがスムーズなときと、効果が切れて動きが止まってしまうときが明確に現れる）があり、身体状況に大きな変化が現れます。「オフ」の状況では、無理な介助を行わないことが重要です。

Q3● 麻痺はないのですが、歩行が不安定な利用者に対して、浴室等滑りやすい場所で転倒しないように支える方法を教えてください。

A3● 介助者は、小指が上を向くくらい手のひらを上に向け、肘を身体の前でしっかりと締めるように固定します。肘を直角に曲げるとより効果的です。

❌ 上からつかんでいる！　　⭕ 下から支える

上からつかむと脇が開き、支えることができません。

身体の前で肘を固定し、小指を上げるように手のひらをしっかりと上に向けることにより脇が締まり、関節を固定する力を最大限活用できます。

+α　パーキンソン病の利用者の歩行介助

　パーキンソン病の人は、歩き始めの足が出にくくなるため、足踏みをしてから歩き出したり、「いち、に、いち、に」などと声をかけるとよいでしょう。また、明確な視覚刺激が、足を出す動作に結びつくこともあるため、床に線を引いてまたぐなどの工夫をしてみてください。ベッドからトイレまで線を引いたり、明確に色の異なるタイルやカーペットを組み合わせたりすることで効果が期待できる場合もあります。

　パーキンソン病の人は、多くの場合、重心移動ができないために足が出せなくなっている状況が考えられるため、前方へまっすぐ手引きすることは危険です。左右の重心移動を促し、歩行を支援します。小刻み歩行になり、足が引っかかりやすくなるため、足ふきマットなどを置いていると転倒の危険が高くなります。

■体験してみよう！

　足を肩幅に開き、両足に均等に体重をかけながらつま先立ちになります。その状態でまっすぐ前に手引きされると足に重心が乗ったままになるため、足が出せなくなります。

❌　つま先に重心が乗っている！　　　⭕　左右への重心移動を促す

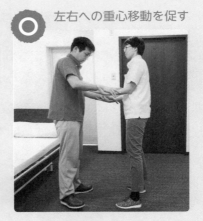

　そこで左右に身体を揺らし、足踏みをすることで重心移動を促し、片側が浮いたときに肩を回転させるように腕を引き込むことで、左右の重心移動を回転運動に変えることができます。

3 側面からの介助——片麻痺の利用者

　歩行は、左右の足を交互に前に出す動きで成り立ちます。足を前に出すためには膝を曲げる必要がありますが、片麻痺の人は患側の膝を曲げると膝折れし、転倒のリスクが高まります。つまり、患側の足を前に出すことができません。

　したがって、片麻痺の利用者は、健側の足に重心を乗せ、患側の膝を伸ばしたまま、外側から回すようにして足を前に出します。

　歩行の介助を行うとき、介助者は利用者の患側を保護しますが、外側から回す患側の足の邪魔にならないように半歩後ろの位置で、少し距離をあける必要があります。また、足はかなり重いため、患側の足を外側から回すためには、健側に大きく重心を移す必要があります。つまり、身体を健側に大きく傾ける必要があります。

1 介助者は、距離をとり、利用者の半歩後ろに位置する。健側にしっかりと体重をかけることができるように利用者の健側の肩を支える。

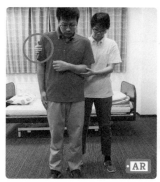

支える位置が、肩の低い位置になると不安定になります。

介助者は半歩後ろに位置する。

2 利用者は患側の足を外側に回して前に出す。このとき健側の肩を十分に揺らす（健側に体重をかける）ことができるように支援する。

3 麻痺側の足が前に出るときに肘あたりを回転させるようにして前に送ると、足の歩幅が伸びて歩行しやすい。

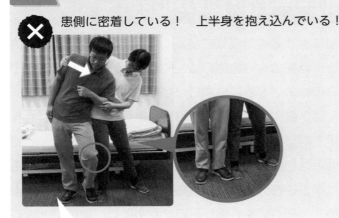

+α　**こんな介助、していませんか？**

✕　患側に密着している！　上半身を抱え込んでいる！

患側に密着していると、利用者が患側の足を外側に回すとき、介助者が邪魔になって歩きづらくなります。また、身体が左右に大きく揺れることを「危ない」と感じて、押さえようとすると、重心移動ができず、足を出せなくなります。
無理に足を出そうとすると膝折れが起こります。

ポイントチェック ☑

· ·

☐　利用者が患側の足を外側から回せるように半歩後ろに位置していますか。

☐　利用者が患側の足を外側から回して前に出すとき、健側に重心を十分に乗せるように身体を揺らす支援をしていますか（上半身を抱えるように密着させていませんか）。

☐　患側の足が前に出にくい場合、身体の回転を支援していますか。

4　**杖歩行の介助──片麻痺の利用者**

　　片麻痺の利用者が杖を使って歩く場合の介助は、「3　側面からの介助──片麻痺の利用者」と同様です。患側の足を外側から回すようにして前に出すので、介助者が邪魔にならないように、距離をとり、半歩後ろから支えます。

　　健側に十分に体重を乗せる必要があるので杖をつく位置が重要です。健側の足の前に杖をつくと、健側に十分に体重を乗せることができず、かえって重心移動を阻害することになります。

　　杖は健側の足の斜め前、足からの延長線上より、20㎝程度横につくと健側にしっかりと重心をかけることができます。

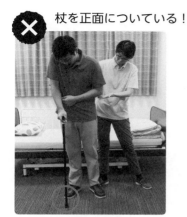

✗ 杖を正面についている！

左右の重心移動を阻害し、足を
出しにくくなる

○ 杖を健側の足の外側についている

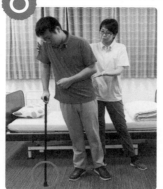

健側に十分、重心移動すること
ができる

　高齢者は円背になったり、腰が曲がったりしてくると、下を向くような姿勢になりやすいことから、杖をつく位置が身体の正面に寄ってきてしまいます。この状況では、左右の重心移動が困難になり、小股歩行やつまずきの原因にもなってしまいます。歩行の際に下を向く傾向が強いときは、杖をつく位置に注意し、顔を上げて上半身を起こすことが重要です。

ポイントチェック ☑

□　杖歩行（3動作歩行）は、「①杖を出す→②患側の足を出す→③健側の足をそろえる」の順になります。杖を使い慣れている人や筋力が十分にある人では、杖と患側の足を同時に出し、健側の足をそろえます（2動作歩行）。

+α　杖をつく位置

　健側に十分に重心移動できるよう、杖は健側の足の斜め前、足の延長線上より、20cm程度横につきます。

約20cm

　杖を健側の足の斜め前につくと、先端のゴムも同一の部位がすり減ります。特に屋外への外出を頻繁にする利用者については、ゴムのすり減りに注意し、すり減ってきたら先端のゴムを交換します。

杖の先端のゴムがすり減っていると、転倒等の事故につながります。使用前に必ず確認し、必要に応じて交換します。

5　歩行器を使った歩行の介助

　歩行器にはさまざまなタイプがあり、脚力、左右の麻痺の有無、体幹のバランス、腕の支持力など、さまざまな要件を踏まえて選定する必要があります。屋外でも使用する場合は、タイヤが大きいものやウォーカータイプのものを選ぶ必要があります。また、正しい姿勢を維持するために、ハンドルやアームサポートの高さなどの調整も不可欠です。

麻痺は強くないものの歩行が困難になり、シルバーカー型手押し車や歩行器を使用している高齢者では、歩行器だけが先行してしまい、利用者が前かがみになっている状況をよく見かけます。認知症やパーキンソン病の利用者への前方からの手引き歩行と同様で、前傾し、つま先に重心がかかればかかるほど、左右への重心移動は困難になり、足を出しにくくなります。そのような利用者には、次のような介助が有効です。

1 先行している歩行器を手元に引き寄せ、下を向いている利用者に上半身を起こしてもらう。

> 利用者に遠くを見るように声をかけてみましょう。姿勢が正しくなります。

2 介助者は利用者の後ろに立ち、左右の腰骨を手のひらで挟んで支え、利用者が足を出すタイミングに合わせて骨盤を左右交互に前方に回転させます。

> 左右、どちらの足から出すかを決めて、合図をして歩き始めます。

　直立して膝を高く上げて足踏みしてみてください。何の苦労もなく足踏みできます。次に前かがみになって同じように足踏みしてみてください。足を上げることが困難になります。前かがみになるだけで、上半身の重心がつま先にかかり、上げにくくなるのです。

○ 直立している　　　　　✕ 前傾している！

6　階段の昇降の介助

　麻痺があったり、バランス感覚が低下したりしている利用者は、傾斜がある場所（スロープなど）では転倒のリスクが高まります。階段とスロープの二つのルートがあった場合、実は階段のほうが転倒しにくい傾向があります。一方で、階段では転落などの大きなけがに至る可能性もあり、安全に配慮した適切な誘導・介助が必要となります。

[①階段昇降の介助の基本——片麻痺の利用者]

　片麻痺の利用者の歩行の特徴、転倒の可能性を意識しながら介助します。具体的にどのような転び方になるのかがイメージできれば、予防することができます。

　介助者は、「最も重大な事故が起こる位置」に立つことが原則です。上るときは、前方へつまずくリスクもありますが、後方に転落するほうが大きな事故となるため、患側の半歩後ろで患側の足の踏み外しと膝折れを防止します。利用者は、杖→健側の足→患側の足の順に上ります。身体を上段に持ち上げるため、持ち上げる力

のある健側の足を先に上げます。

　下るときは、患側の斜め前方への転落が最も大きな事故となります。したがって、患側の半歩前に立ち、患側の胸の上あたりを支えて膝折れと斜め前方への転落を防止します。利用者は、杖→患側の足→健側の足の順に下ります。健側の足で体重を支えながら、ゆっくり患側の足を下ろす動作になります。

介助者の位置

◎ 上りは患側の半歩後ろ

◎ 下りは患側の半歩前

ポイントチェック ☑

··

☐ 杖、健側の足、患側の足を運ぶ順序の意味を理解できていますか。上りは、身体を持ち上げることができる健側の足から上げ、下りは、身体をゆっくり下ろすために、体重を支えることのできる健側の足を上段に残しておきます。順序を丸覚えするのではなく、根拠を理解することが重要です。

[②階段を上る──片麻痺の利用者]

　階段を上る際は、まず健側の足を上段に上げます。このタイミングでの事故の確率は高くありません。次に患側の足を上げますが、患側の足はコントロールが十分でないため、リスクが高くなります。

1 体重を持ち上げることができる健側の足を先に上段に上げる。介助者は、患側後方に位置する。

患側の半歩後ろで患側の足を外から回して上げるスペースを確保しておきます。

2 十分に健側に上半身を倒し、外から回すようにして患側の足を上げる。介助者は、利用者が上半身を十分に健側に傾けられるように支える。

患側の足を外回しで上げることができるスペースをつくっておくことでつまづきにくくなります。
このとき、健側に上半身を十分に倒し、重心移動ができるようにすることが大切です。

3 介助者は、患側の足の着地の位置がずれないように手を添える。また、外側の足から先に上段に上げる。

患側の足は、着地の際に不安定になる可能性があるため手を添えます。また、介助者は、内側の足を先に上げると、利用者の患側の足にぶつかる可能性があるため、外側の足を先に上段に上げます。

ポイントチェック ☑

- ☐ 健側の足から上っていますか。
- ☐ 介助者は、患側に十分なスペースを空けて介助していますか。介助者が身体を近づけすぎると、利用者は、患側の足を外側に回すことができず、正面から上げることになるため、つま先が上段に引っかかり、つまずく事故が起こります。

足を上げられない！

近すぎると外から回して患側の足を上げることができません。

- ☐ 患側の足を上げるときに健側に上半身を傾けていますか。患側の足を外側から回すためには、重心を大きく健側にかける必要があります。介助者が身体を密着させると、身体の揺れを押さえることになり、かえって事故は起こりやすくなります。
- ☐ 患側の足を着地するときに手を添えて確認していますか。患側の足が上の段に着地する際、位置が不安定になることが考えられるため、着地の位置がずれないように手を添えます。

[③階段を下りる──片麻痺の利用者]

　階段を下りるときは、まず、患側の足を下ろします。患側の足は、コントロールが困難なため、階段を下りるときの事故の確率が高くなります。次に健側の足を下ろしますが、このときのリスクは高くありません。一歩目の患側の足を下ろすときの介助が重要です。

1 利用者は、健側に身体を傾けて体重をかけ、患側の足をゆっくり下ろす。介助者は、患側の前方に位置し、患側の足が内側に着地し、患側の肩から前方に転落するリスクを予防する。

介助者が身体を寄せたり、正面に立つと利用者は介助者をよけるために足を内側に着地することになり、事故を誘発させてしまいます。

2 介助者は患側の足の着地が内側にならないか観察し、患側の肩の前に手をかざしておく。

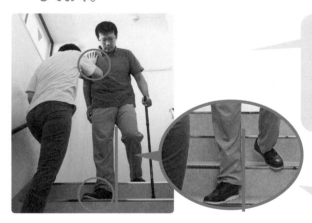

患側の足を内側についてしまったり、患側の肩が前に突っ込んできたりした場合、空中で肩を押し戻して止めるつもりで構えます。
麻痺側に倒れると転落の可能性があり、とても危険です。

足を正面より外側に着地すると肩が前に突っ込まないため、安定します。

+α　患側の足が内側に着地してしまうと…

　患側の足が内側に着地すると、患側の肩が前に突っ込む形になり、空中でねじれが生じます。一段の高さが高い場合は、よりねじれが大きくなり、患側の肩が突っ込んでしまうと、患側の足で踏ん張ることができず、転落の危険が高くなります。転落し始めてからでは支えきれないため、介助者は、麻痺側の足が内側に入ったら、肩が突っ込まないように手で止めます。

✗　正面より内側に着地している！

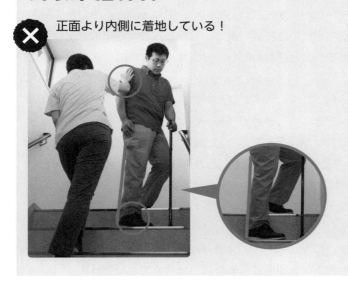

ポイントチェック ☑

☐　患側の足から下りていますか。

☐　患側の一段下から介助していますか。

☐　患側の足は、正面よりも外側に着地するように介助していますか。介助者が身体を近づけすぎると、利用者は患側の足を内側に着地することになり、患側前方に転落するリスクが高まります。患側の足は、外側から回し、下の段の正面よりも外側に着地させることにより、バランスを保つことができます。

☐　患側の足が内側に着地しそうになったら、患側の肩を押し戻す準備をしていますか。

> **コラム** **着たい衣服を着られるように**
>
> 　介護が必要になったときに「その人らしい生活」を維持するなかで、「習慣や好みに応じた衣服で個性が尊重されることは重要です。特に施設に入所したり、全介助に近い状態になると、家族に「着やすい衣服」をお願いしていないでしょうか。その日に何を着るかを利用者自身が選ぶ施設も増えてきてはいます。しかし、せっかくの外出行事などのときに「どの服になさいますか」と言われても、ワンサイズ大きめのスウェットしかないこともあります。
>
> 　皆さんは引き出しを開けて、黒いスウェット、グレーのスウェット、青いジャージのなかから今日、着る衣服を選ぶとき、心ときめくでしょうか。しかも、白髪染めやカット、パーマもできず、化粧もできなかったとしたらどうでしょう。喜び勇んで外出しようとするモチベーションが上がるとは思えません。しかも、何か理由をつけて断ると「生活意欲が低下し、閉じこもり傾向がある」とケアプランに書かれてしまいます。
>
> 　昨今、ファスナーやマジックテープを駆使したおしゃれで着脱しやすい衣服やエプロンなどが開発されています。それらを否定するつもりは全くありませんし、今後、より一層発展してほしい気持ちです。しかし一方で、介護技術が十分でないために、今まで大切にしてきた思い出の衣服や着たい衣服が着られないのは残念でなりません。パジャマや部屋着は「着脱しやすい衣服」や「自分で着られる衣服」で良いかもしれませんが、人前に出るとき、人に見てもらいたいときには「着たい衣服」を着ていただくことが重要なのです。着脱の介助はその人らしさを支援することであり、「オシャレや整容」を支援することなのです。
>
> 　外出行事の際には、思い出のワンピースを家族に持ってきてもらい、まずは部屋に飾りましょう。ことあるごとに「あれを着て出かけましょう」と伝え、予定より早めでもカットやパーマをします。当日の朝は、少し早めに起きて、着こなすのを手伝い、お化粧を施し、男性なら帽子、女性ならアクセサリーも選びましょう。きっとあふれるばかりの笑顔が見られると思います。このような生活意欲を高める支援が「自立（自律）支援」なのです。自分で着ることにこだわることが自立支援ではないのです。
>
> 　着られる衣服（好きでもない、着脱しやすい衣服）を自力で1時間かけて着て疲れ果てる生活と、介助を受けて、着たい衣服を15分で着て、お化粧を施して人前に出る生活では、どちらがQOL（生活・生命の質）が高いといえるでしょうか。
>
> 　身体機能の改善の見込みが高い人に対してリハビリテーションを行う場合は、励まして頑張っていただくことは間違いではありません。しかし、生活施設において人生の最期に修行のような生活を求めるのは、目的と手段が異なっているように思います。

第 **6** 章

寝返りの介助と安楽な姿勢

1 寝返りの動きとは

　例えば、仰臥位（ぎょうがい）から側臥位（そくがい）になる介助を「体位変換」といいます。自分で寝返りなどを行うことが困難になった場合は、褥瘡（じょくそう）を予防するためにも体位変換は必要です。

　しかし、本来の「寝返り」の意味や目的を考えると、快適な睡眠や臥床（寝転ぶこと）に必要なのであって、褥瘡予防のために行っているのではありません。したがって、「生活」の視点からは、寝返りを打つための条件と人間本来の動きを支援することが大切です。生活を支援する場面においては、利用者の症状や部位に注目した「体位変換」ではなく、人間本来の動き、快適さを求め、利用者に主体性をもってもらうためにも、「寝返りの介助」という視点が重要です。

＋α　こんな介助、していませんか？

　寝返りの準備として、膝を曲げ（片足だけでもよい）、両腕を胸の前で交差し、身体を小さくまとめてもらいます。首を動かせる人は身体を倒す方向に、視線と首を向けてもらいます。介助者は利用者の肩・腰・膝がねじれないように上半身・下半身を同時に倒します。多くの介助者が行っている方法です。

　ところが、皆さんにも試してほしいことがあります。上半身・下半身のどちらかが先行することなく、身体をひねらないように寝返りを打ってみてください。それは、「不可能」なのです。身体に痛みがあって、身体をひねってはならない状況であれば、上半身と下半身を同時に回転させる介助が必要な場合もあります。しかし、この動きは人間本来の動きとはかけ離れており、自力ではできません。

❌ 上半身と下半身を同時に回転させている！

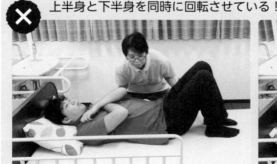
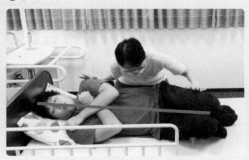

2 寝返りの介助

1 利用者に頭を上げてもらう方法

　極端なたとえですが、指一本で寝返りの介助を行うことができます。まず、膝を曲げ、両手を胸の上で組んでもらいます。全介助に近い利用者でも、頭を上げることができる人はたくさんいます。「おへそをのぞき込んでください」と声をかけてから指一本でゆっくり膝を倒してください。利用者は側臥位になります。おへそをのぞくようにして頭を上げると腹筋が固定され、その状態で膝を倒すことによって、上半身にねじれが伝わり、側臥位になることができるのです。

　<u>人は身体のねじれや、ねじれを復元する力で身体を動かしています。あえてねじれないようにすると身体は自力では動かせなくなります。</u>つまり、全介助に近い状態であっても頭を上げる腹筋の力があれば、自ら寝返りを打てる可能性があるのです。毎回、おへそをのぞき込んでもらってから、膝を倒したり、健側の手で患側の手首をつかみ、向きたい方向に大きく伸ばしていくという介助をしたりすれば、気がついたら自力で寝返りを打っていたということも起こり得ます。2時間、3時間おきに「身体を転がされる」のではなく、向きを変えたいときに自分でできるようになる支援をすることこそが、「寝返り介助」ではないかと思います。たとえ全介助に近い状態になっても、「ねじれ」を活用しながらゆっくりと身体の向きを変える支援は、人間らしい動きを支援することにつながります。

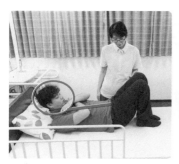 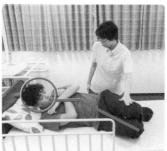 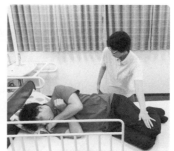

仰臥位で、おへそをのぞくように頭部を上げることができる利用者に対しては、声をかけ、身体のねじれを意識してもらいながら行います。片足だけでも倒すことができれば、ねじれを活用できます。

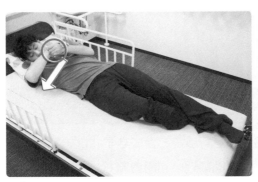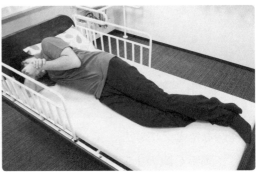

健側の腕を活用できる利用者に対しては、健側の手で患側の腕をつかみ、おへそをのぞき込みながら上げた腕を倒してもらうと、ねじれを活用できます。

ポイントチェック ☑

□　おへそをのぞき込むように頭を上げることができる人には、きちんと声をかけていますか。

□　膝を先に倒し、「ねじれ」を活用するなど、人間本来の動きを大切にしていますか。

2　「てこの原理」を活用した方法

　おむつ交換や清拭などで側臥位の状態を維持したい場合は、利用者の太ももの間に介助者の片腕を挟み、「てこの原理」を活用する方法があります。片手で側臥位にする介助を行い、固定したい角度で止めることができます。挟んだ手を抜かなければ元に戻ることはありませんし、回転しすぎて利用者がサイドレールなどにぶつかることもありません。

　また、膝を曲げることが困難な利用者にも有効です。

[①手前に向いてもらう場合]

1 介助者から見て奥側の膝の向こうから手を入れ、手前の足の太ももあたりに手の甲を添える。

> 手前の太ももに手の甲を押し当て、そこを支点に手前に倒してくると膝のねじれが上半身に伝わり、側臥位になることができます。

2 ゆっくり手前に入れた手の肘を引き下げる。

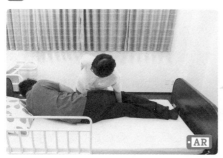

> 止めたいところで固定することができます。入れた手を抜かない限り、仰臥位には戻りません。

[②奥側（向こう側）に向いてもらう場合]

1 介助者は、手前の足の膝の下から手を入れ、奥側の太ももあたりに手のひらを添える。

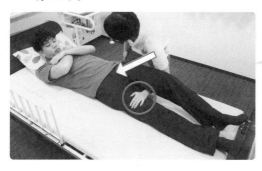

> 太ももに置いた手を支点として手前の膝をゆっくり上げていくように持ち上げていくと、膝のねじれが上半身に伝わり側臥位になることができます。

2 入れた手の肘を奥へ押し上げる。

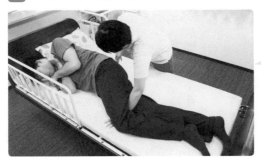

> 止めたい角度で固定することができます。

　おへそをのぞき込む力があり、健側の腕を動かせる利用者は、基本的には自力で寝返りを打てる可能性が高いので、身体の使い方を覚えてもらえるように繰り返し説明することが重要です。

こんなとき、どうする ？

Q● 膝が曲がらない人、体幹が保持できない人、体格のよい人の側臥位への介助はどうすればいいですか。

A● 「てこの原理」を利用した側臥位への介助を活用してみてください。片手が空くので衣服を調整する場面やおむつのズレを修正する場面など、さまざまな場面で活用できます。

コラム　腹筋と背筋

　腹筋と背筋は拮抗筋と呼ばれる対の筋肉で、一方が優位になるともう一方は緩みやすくなります。つまり、おへそをのぞき込んでもらう動作によって腹筋を使うと、背筋が緩みやすくなるのです。

　緊張が強くて上半身を起こすことが困難な利用者では、あごが上がってしまっていることが多いと思います。それは首の後ろや背中（背筋全般）の緊張が強まっている状態です。

　自分で腹筋運動をするように上半身を起こしたり、直線的な起こし方をすると背筋の緊張が強まります。緩んでいない筋肉をいきなり伸ばそうとすると縮もうとする反射が起こります。おへそをのぞき込んで側臥位にするように、利用者の頭を内回しにするイメージで起こすと、背筋などが緩みやすくなるため介助者も利用者も負担が減ります。

3 ベッド上での安楽な姿勢

1 30度の側臥位

　寝返りの介助の目的が明確に褥瘡予防である場合は、単に側臥位にしても効果的ではありません。仰臥位では仙骨部が、側臥位では大転子部が圧迫されます。

　ベッドに対しておよそ30度になるように側臥位をとると、褥瘡の多発部位である仙骨部と大転子部の両方の骨の突起部分が圧迫されにくいとされています（図3参照）。30度を維持するには、ナーセントパットなどのクッションを肩甲骨の下と、骨盤の下に敷き込む必要があります。

図3 ▶ 褥瘡予防を目的とした側臥位

約30度

クッションの設置

　肩甲骨の下のクッションはまっすぐに敷き込みます。骨盤の下のクッションは、腰を十分に引き寄せて身体に丸みをつけたうえで、上体に対し斜めになるように挟み込みます。利用者が膝を抱え込むように（真上から見て丸くなるように）設置します。真上から見て身体が直線的に見えると、利用者にとって腰が反っているように感じられ、長時間この姿勢を維持することは苦痛になります。<u>安楽でない姿勢は褥瘡だけでなく拘縮や緊張の原因になります。</u>

❌ 直線になっている！

腰の下のパットをまっすぐ配置したり、一本の長いクッションを使用したりすると、30度の角度をつけても上半身が直線になります。
利用者には、腰が反っているように感じられ、長時間、この姿勢を維持することは苦痛です。また、パットにすき間があると体圧分散がされません。

丸くなっている

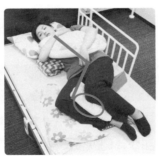

腰の下のパットを斜めに入れることによって、ベットに対して30度になったときに身体が丸まっているように見えます。このくらいのカーブができると利用者の負担は少ないといえます。また、パットのすき間にはロールタオル等を入れ、体圧分散することが必要です。

①身体全体がベッドに対しておよそ30度になるようにパットの厚みを調整する。

②膝の下のパットの厚みを調整し、骨盤の下のパットに体重が乗るようにする。

③上半身と下半身のねじれをなくす（主に膝の高さでねじれを調整する）。

④パットとパットの間にロールタオルなどを挟み、広い面積で身体を支えるようにする。すき間があると、その部分の筋肉が緊張し、拘縮や強い緊張の原因になる。

⑤くるぶしや足の間にもロールタオルなどを挟む。

⑥腕の重みも上半身の拘縮や緊張の原因になる。手を動かしにくい人は抱き枕などを胸の前に置き、手の重みも軽減する。

⑦枕の角度を調整し、首の下にもくぼみに合わせてロールタオルなどを挟み込み、枕にかかる体圧と首の下の体圧が等しくなるように調整する。

⑧介助者は、パットとベッドの間に手を入れ、パットなどを入れた部分に体圧が均等にかかっているか確認する。部分的に軽く感じた場合は、パットを入れ直すか厚みを変更する。

ポイントチェック ☑

□ 安楽な側臥位の4つの原則を押さえていますか。

　原則①身体全体がベッドに対して、およそ30度になっている

　原則②上半身から下半身のラインが全体的に丸く見える

　原則③上半身・下半身がねじれていない（上半身が上向き、下半身が横向きに
　　　　なりやすい）

　原則④体圧が分散している（パットとベッドの間に手を入れて重さを確認し、
　　　　軽い所には厚みを足して、同じくらいの重さに調整する）

こんなとき、どうする ❓

Q ●「30度の側臥位」を行っていますが褥瘡ができてしまいました。どうすればいいですか。

A ● 褥瘡の多発部位である仙骨部、大転子部などが直接圧迫されにくい角度として、「30度」としていますが、それは万能ではありません。長期間、寝たきりの状態で過ごしていると腰や臀部の筋肉が落ちてしまうため、「30度」を守っていても骨格を圧迫してしまいます。臀部や腰の筋肉が落ちてきた人には、予防を目的としてエアマットなどの導入を検討します。エアマットには、予防時に使用するタイプと治療時に使用するタイプがあるため、必ず使い分けてください。状態に適していないと悪化させる場合もあります。

図4 ▶ 30度の根拠

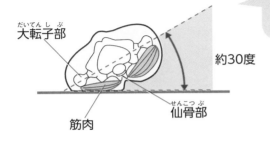

筋肉が維持されていることによって、骨の部分が浮きます。脂肪では浮かすことができません。

大転子部（だいてんしぶ）

約30度

筋肉

仙骨部（せんこつぶ）

2　30度の仰臥位（ギャッチアップ）

　仰臥位では、30度が、頭、肩甲骨、仙骨、足などの体圧がそれぞれの真下にかかる限界になります。それ以上の角度になると上半身の体圧も下半身の体圧も仙骨部に集中し始めます。食後など30度を超える角度を維持しなければならない場面もありますが、褥瘡のリスクや皮膚の負担を考えれば、できるだけ短時間にとどめ、30度以下に戻しましょう。また、角度を変えたときは、必ず背中の除圧を行います。

図5 ▶ 体圧の集中と分散

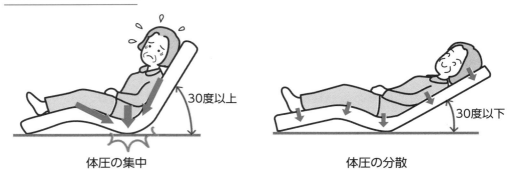

体圧の集中　　　　　　　　　　　　　体圧の分散

[①ギャッチアップを行う準備]

1　ベッドに対する利用者の位置を確認する。ギャッチアップ機能を頻回に使う利用者の場合は、ベッドの曲がる位置と利用者の股関節の位置を合わせる。

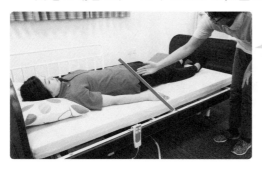

ベッドの曲がる位置と利用者の股関節の位置が合っていないと、ずり落ち幅が大きくなったり、不要な圧迫が起きたりと、利用者の負担が大きくなります。

2 膝を軽く曲げ、クッション等で支える。

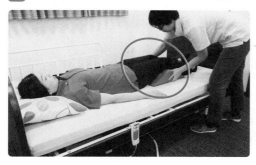

仰臥位で膝を伸ばしたままギャッチアップをすると、腸腰筋が緊張し、骨盤が反るような形から急激に前屈することになるため、腰を痛めやすくなります。

　ギャッチアップの際に、膝の下にクッションを入れる目的は「腰痛予防」です。特にギャッチアップを必要とする利用者は長期間臥床していたり、腰や体幹（特に背筋）が緊張していることが多いと考えられます。仰臥位で膝を伸ばしたままギャッチアップをすると腰を痛めやすいため、膝を曲げ、クッション等を活用して支えておく必要があります。

　足側だけが上がる機能がついている「3モーターベッド」では、足側を先に上げればよいと考えがちですが、必ずしもその利用者の膝の位置で曲がる訳ではないため、まず、膝を曲げてクッションを入れて支えてから足上げ機能を使います。

[②除圧の方法]

　30度以下であってもギャッチアップをすると、身体がずり落ちる力が働き、背中の皮膚が引っ張られます。ベッドの曲がる部分と股関節の位置が合っていなければ、より大きく引っ張られる力が生まれます。

　ギャッチアップは自分で身体の位置を微調整できない利用者には、想像以上の苦痛と負担がかかっていることを理解し、ギャッチアップしたら、必ず背中の除圧（皮膚のひきつれを修正すること）を行います。

　ギャッチダウンを行った場合も、背中の皮膚がひきつれますので、同様に背中の除圧を必ず行います。

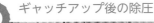
ギャッチアップ後の除圧

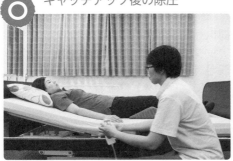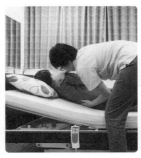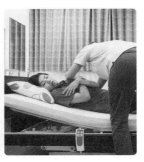

肩を浮かせるようにして、背中を交互に上げ、背中から腰までをゆったりさすることで、皮膚のひきつれが修正され、不快感は解消されます。

ポイントチェック ☑

☐ ギャッチアップ前の準備をしていますか（①寝ている位置の確認、②膝を曲げて腰痛予防）。

☐ ギャッチアップまたはギャッチダウン後は、必ず背中の除圧を行っていますか。

3 30度以上の仰臥位（ギャッチアップ）

　胃ろうでの注入食や流動食を摂取している利用者のなかには、食道や胃腸の機能が低下し、嘔吐や逆流性食道炎のリスクが高まる場合があります。進行すれば肺炎など重篤な症状に至る可能性があるため、食後、2〜3時間程度、座位を保つことで胃の内容物や胃酸の逆流を防ぐことが大切です。

　しかし、座位を保つことが困難な利用者の場合、30度では角度が足りずに、もう少し高い角度で維持する必要がある場合もあります。このような場合は、クッションなどを使って臀部にかかる体圧を分散します。

1 直角に近い角度で膝を立て、クッションを入れる。股関節と膝が直角に近い角度になるように曲げ、クッション等で支える。足の付け根にクッションをしっかり押し込むことで、体圧を分散できる。

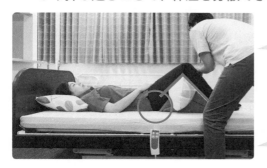

股関節と膝が90度に近づくようにクッションを入れることにより、「安定した座位」の姿勢に近づきます。いすやティルト型車いすに座る状態に近づくので、負担が少なくなります。

膝だけではなく足の付け根（臀部）から体圧分散できるよう広い面で支えることが重要です。

2 ギャッチアップし、背中の除圧を行う。

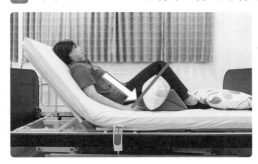

手に麻痺がある場合などは、腹部の上にクッションなどを置き、抱き枕にすると腕の重みも軽減されます。

クッションを入れないと…

❌ ずり落ちてしまう！

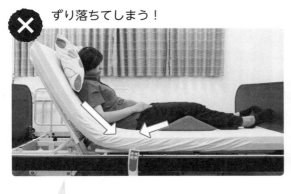

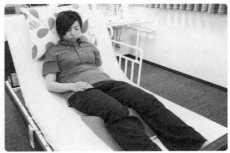

クッションを入れないと、臀部（仙骨部）に体圧が集中し、ずり落ちる力が大きく働いてしまいます。

こんなとき、どうする

Q ● ベッド上では30度を基準にして安楽な姿勢を支援すればいいですか。

A ● 側臥位では、30度より大きな角度でも小さな角度でも褥瘡のリスクが高まる
　　ため、「30度」を基準にすることが大切です。一方、仰臥位でギャッチアッ
　　プする場合は、30度が身体のそれぞれの部位で体圧が真下に落ちる限界です
　　ので、30度は「限界点」です。30度以下で、必要最低限の角度にとどめます。
　　どんなに小さな角度であっても背中の除圧は忘れずに行います。

> **コラム**　**おいしさを大切にするために**
>
> 　食事介助をテーマにした研修などで、介護職に「自分で食べることと、食事介助して
> もらうのとどちらを選びますか」と問うと、ほぼ全員が「自分で食べたい」と答えま
> す。箸やスプーンがうまく使えなくなった場合は、自助具等を使ってでも自分で食べた
> いと言います。「自助具も使うことが困難になって、唯一、手づかみで食事が可能であ
> れば、食事介助を受けるのとどちらを選びますか」と質問を重ねても、ほとんどの介護
> 職は「手づかみででも自分で食べたい」と回答します。ではなぜ、施設などでは、手づ
> かみで食べている利用者を見かけないのでしょうか。
>
> 　衛生上の問題や他の利用者の印象が良くないなど、理由はあると思います。しかし、
> 例えば、一口大のおにぎりにするなど、工夫の余地は十分にあるので、やはり「手づか
> みで食べていただく」という発想自体がないのだと思います。自助具さえも選択肢とし
> て十分に用意されていない場合もあります。
>
> 　介護の原則の一つは「自分がしてほしいように支援する。自分がされたくないことは
> しない」ことだと思います。おいしく食べていただくことを大切にするならば、利用者
> に、自助具や手づかみでの食事を選択肢として提案できることは重要です。

第 **7** 章

起き上がりの介助

1 起き上がりの動きとは

　起き上がりは、ベッド上や床の上で仰臥位から、座位へ身体を起こす動作であり、臥床状態から次の動作を行うために必要な動きです。座位になると視界が変わり、廃用症候群の予防にもつながります。

①長座位

　ベッド上で上半身を起こした姿勢です。ベッドからの移乗の基本姿勢となる端座位（ベッドに腰かけた姿勢）の前段階であったり、ベッド上で衣服の着脱や食事等の場面でも見られる姿勢です。「第6章　寝返りの介助と安楽な姿勢」で述べているように、ベッドのギャッチアップ機能は万能ではありません。快適な介助で、ベッドから離れる機会をつくります。

②端座位

　ベッドからの移乗の基本姿勢となる姿勢です。しっかり足がつくようにベッドの高さを調整することによって、座位が安定する場合もあります。浅い端座位になると、前方に滑り落ちる危険が高くなります。特に柔らかいマットレスを使用している場合は危険です。足を踏ん張って座位保持ができるように高さ調整が重要になりますが、足の力が弱い利用者に対しては介助者の膝で利用者の膝を固定するようにしましょう。

長座位

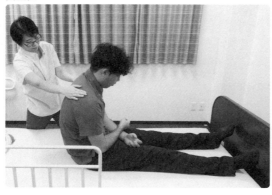

端座位

2 起き上がりの介助

1 仰臥位から長座位へ

[①拘縮や緊張が強くない利用者]

1 介助者は、軸足を利用者の肩よりも上方に位置し、もう一方の足のつま先を進行方向（利用者の足の方向）に向ける。

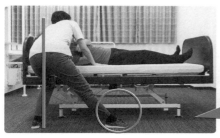

軸足の位置は、利用者の耳の辺りを目安とします。ベッドが低い場合は、了解を得て膝を耳の横あたりに乗せます。

2 介助者の腕を利用者の首の横から肩甲骨の部分に差し入れ、利用者の頭を手前に引き寄せる。

腕の力で上げると利用者の首が締まったり、動きが速くなったりするため、腕を引き寄せたら脇を締めるように肘の角度を狭め、角度を変えないように固定します。

3 介助者のもう一方の手をベッド上につき、利用者におへそをのぞき込むように頭を上げてもらい、進行方向に向けた足にゆっくり重心を移し、利用者の頭が内回りになるように引き寄せながら起こす。

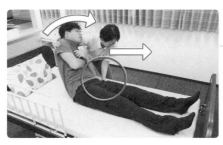

利用者の足の方向に重心を移していきます。腰をひねるのではなく、介助者の足の間隔を広げ、つま先を進行方向に向けて行うことで体重移動を活用します。

＋α　介助者の立ち位置の違い

〇　A：軸足が利用者の耳あたり

✕　B：軸足が利用者の肩より下方！

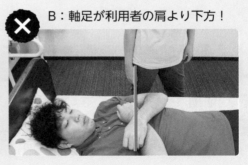

　　介助者の軸足を利用者の肩より上部（A）に位置した場合は、━━▶のとおり、一方向で少ない力で行えます。介助者の軸足を利用者の肩より下部（B）に位置した場合は、┈┈▶のとおり、複数方向に力が必要になるため、大きな力が必要です。

軸足がBのときの力の方向

軸足がAのときの力の方向

A　B

＋α　重心移動の活用

✕　重心移動が使えていないため、腕や腰への負担が大きい！

足の開きが狭いと重心移動が大きく使えず、腕力に頼ることとなり、腰の負担も大きくなります。また、つま先が正面を向いていると、腰をひねる力を活用せざるを得ないため、腰への負担が大きくなります。

〇　重心移動を活用している

つま先を進行方向に向け、足の間隔を広げることによって、腰をひねるのではなく、重心移動を活用しやすくなります。
軸足（写真では左足）に乗せた重心を右足に移動させる力で、利用者を起こします。
最後まで腕を伸ばさず、腕力に頼らずに起こします。

ポイントチェック ☑

- ☐ 軸足の位置を確認していますか。軸足の位置が10㎝ずれるだけで、重く感じられます。
- ☐ 利用者に、おへそをのぞき込むように頭を上げてもらっていますか。

こんなとき、どうする ❓

Q1● サイドレールがあって、適切な位置で介助できません。

A1● サイドレールは、基本的には簡単に取り外すことができます。L型の介助バーの場合は、簡単には取り外せないのですが、全介助が必要な利用者に介助バーが活用できているのかどうかなど、利用者の状態に適した環境になっているのか検討してみてください。

Q2● 頭を上げることができない利用者の場合は、どうしたらいいですか。

A2● その場合は、頭を上げる介助を行います。長期間、仰臥位で過ごしている利用者の場合、ベッドに接している首・肩甲骨・背中・臀部・腿の裏側（ハムストリングス）等が抗重力筋（重力に抵抗して姿勢を維持しようとする筋肉）になり、緊張および拘縮が強まりやすくなります。したがって、介助者が、利用者の頭側から肩甲骨を支え、あごを引いて頭を上げることにより、背筋を緩めることが大切です。

[②全介助に近い利用者の場合]

1 介助者は、利用者の肩よりも上方に位置し、軸足と反対側の足のつま先を進行方向（利用者の足の方向）に向ける。介助者の腕を利用者の頭から肩甲骨の部分に差し入れ、頭が前屈するように介助する。

上腕部（肘のあたり）に、利用者の頭を乗せる感覚です。
利用者の手前側の腕が活用できる場合は、肘と手のひらでベッドを押してもらうよう説明します。
上半身の緊張がある場合は、股関節のつけ根を軽く左手で押さえると緊張が緩みます。

2 肘を少し畳み込むように引き寄せ、利用者のあごを引く（頭を前屈する）。

あごを引くと、上半身の緊張を緩める
ことができます。

3 利用者の肩甲骨を手前に引き寄せて側臥位に近づけ、身体を丸めるようにして
上半身を後ろから押し上げます。

身体を丸めてから起こすイメージ（側
臥位になるようなイメージ）で介助者
の重心移動により動かします。
利用者の頭は介助者から見て、内側を
回るよう上がってきます。

2 長座位から端座位へ

1 利用者の重心を後方に傾けてから足を抱えて接地面積を減らす。

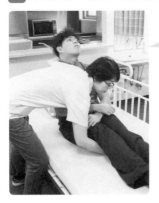

V字型になるため、接触面積が減り、
回転する際の摩擦が減ります。

2 利用者の臀部を軸に、ゆっくり回転して端座位にする。

> 回転する際に、後方に重心を
> かけてもらうことで、足が上
> がりやすくなります。端座位
> になったら膝を固定し、安全
> を確保します。

+α　こんな介助、していませんか？

❌ 「重心移動」と「摩擦の軽減」ができていない！

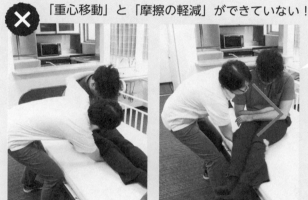 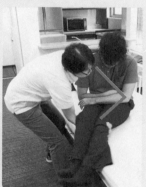

> 上半身が直立したまま回転し
> ようとすると、足が上がら
> ず、摩擦も大きいため、お互
> いの負担が大きくなります。

ポイントチェック ☑

☐ 足を持ち上げる前に、上半身を後方に傾けてもらっていますか。上半身を後ろ
に倒すことによって、足にかかっていた重心を移すことができます。端座位か
ら仰臥位に戻る場合も同じです。

こんなとき、どうする ❓

Q● 仙骨部に 褥瘡 がある場合は、どうしたらいいですか。

A● 仙骨部に褥瘡がある場合は、足を上げて回転する際に、利用者を手前に引き
寄せるようにして回転することにより、仙骨部から回転軸を外すことができ

ます。また、次の側臥位になってから端座位になる方法を活用してください。

3 側臥位から端座位へ

全介助に近い状態にある利用者や仙骨部に褥瘡がある利用者では、一度、側臥位になってから端座位になります。利用者の快適性および起立性低血圧を予防する観点から、できるだけゆっくり行います。

1 手前向きの側臥位にし、介助者は利用者の肩よりも上方に軸足を置き、進行方向につま先を向ける。

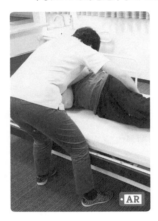

2 利用者の両足をゆっくり下ろす。

足を下ろすと上半身が起き上がる力が働きます。仰臥位で足を下ろすと骨盤が反るため、苦痛に感じます。側臥位でできる限り上半身に丸みを持たせた状態で足を下ろします。

3 首の下から手を入れて肩甲骨を支え、もう一方の手で、腰骨を奥へ押さえながら上半身が丸くなるように肩甲骨を引き寄せる。

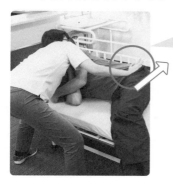

体幹の緊張がある場合には特に有効です。

4 肩甲骨を引き寄せた肘を固定し、そのまま重心移動を活用して、ゆっくり起こす。利用者の頭は介助者に近づけるように内回りで起こしていく。

 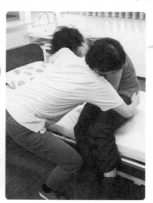

首の下に入れた手を持ち上げると首が締まってしまいます。肘を固定し、引き寄せます。

腰骨を奥の方向に押さえていた手の力を、斜め下方向に力を入れ直すことにより、上半身が起きてきます。

5 頭が上がりきるまで、骨盤をしっかり押さえ続ける。

6 進行方向に向けていた足の膝で利用者の膝を支え、滑り落ちるのを予防する。

ポイントチェック ☑

☐ 側臥位になってから足を下ろしていますか。

☐ 介助者の足は進行方向に向いていますか。

☐ 骨盤を押しながら上半身を引き寄せていますか。

☐ 首の下に入れた手で持ち上げていませんか。肩甲骨を支えた手は、持ち上げるのではなく、引き寄せます。持ち上げる力を使うと首が締まってしまいます。

また、体格のよい利用者の場合は困難です。骨盤を押さえる力で上半身を起こします。

□　端座位になったら膝を固定して、安全を確保していますか。

こんなとき、どうする？

Q1　体幹の緊張が強く身体が曲がりにくい利用者の場合、どうしたらいいですか。

A1● 体幹の緊張が強かったり、足が曲がらなかったりする場合、骨盤をしっかり押さえるようにします。「支点」が固定されると、加えた力を効果的に活かすことができます。体幹の緊張が強い利用者に対して、骨盤を押さえる力が弱いと、臀部がずれてベッドから転落する危険性があります。さらに、上半身が外回りになると遠心力によってベッドの奥側に転倒したり、体格のよい利用者では、支えきれなくなります。上半身はできるだけ手前に引き寄せ、利用者の頭が内回りになるように上半身を起こしていきます。

Q2　利用者に腰痛があります。

A2● 腰椎圧迫骨折や腰痛などがある場合は、できるだけ体幹がねじれないようにするため、側臥位から足を下ろさずに、膝を曲げた状態でベッドの端に置きます。上半身を起こす際は、骨盤を押さえるのではなく、両膝を下から支え、ねじれないように注意しながら上半身を起こします。ベッド上で側臥位になったときに、できる限り身体を丸め、その姿勢を維持しながら端座位になるイメージです。

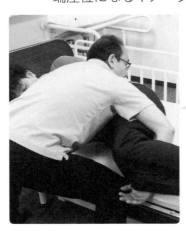

ベッド上で側臥位になったら身体を丸めるようにします。

膝を固定するように介助者の腕を膝の下に入れ、上半身を同時に、ねじれないように起こします。

4 座位の保持──片麻痺の利用者

　片麻痺の利用者では、患側の足や臀部は浮いたような感覚になるため、そこに体重がかかると危険であり、姿勢は不安定になります。麻痺のない人では、身体の中心に重心線が通っている状態が「安定」しますが、片麻痺の人ではそうではありません。特にベッド上端座位では、背もたれやひじ掛けがないので、姿勢が不安定になります。

　患側の足に体重がかかると危険ですので、健側の足で支えることになりますが、片麻痺の人は体幹（腹筋や背筋など）の筋力も低下していることが多いため、姿勢の維持は困難になります。

　片麻痺の人が安定して座っていることを確認した後、ほんの少し目を離したすきに、前後左右に転倒してしまった…という経験のある介助者も少なくないと思います。介助バー等を握ってもらっていても同じです。端座位になって片足を上げた状態で、介助バーを握って過ごしてみてください。介助バーなどを握っていても、姿勢の保持は困難なことがわかります。

　片麻痺の人が安定した座位を保持するための介助方法は、次のとおりです。

1 健側の足を身体のやや中央に置き、足の裏全体で十分支えられるように、足首、膝を90度になるように調整する。

2 健側の手を臀部のやや後ろに、指先を後ろに向けてつく。

健側の手をつく位置は臀部から離して、前から見たときに二等辺三角形ができているようにすると最も安定しやすくなります。臀部の真横に手をつくと、後ろに転倒するリスクが高まります。また、指先を前に向けて手をつくと肘が曲がりやすくなり、しっかりと体重をかけることが困難になります。

ポイントチェック ☑

☐　健側の足は身体の中心寄りに位置し、しっかり足底がついていますか。また、足首と膝はおよそ90度になっていますか。

☐　斜め後ろについた手と健側の足でできた「二等辺三角形」の中に重心線が来ていますか。

第 **8** 章

ベッド上での
移動の介助

1 ベッド上での移動の動きとは

　ベッド上で利用者の身体を移動する場合、身体を持ち上げ、完全に浮かせる方法は利用者、介助者ともに大きな負担がかかります。そこで、いかに「摩擦」を軽減し、滑らせることができるかを考える必要があります。

　人間の身体とベッドマットのように柔らかい物同士の摩擦は、「接触面積」と「滑りやすさ」の影響を大きく受けます。また、「力の方向」を一致させることが重要です。"力の方向を一致させる"とは、移動する方向に無駄なく、直接、力を加えることです。

　単純に考えて、体重80kgの利用者を体重60kgの介助者が抱えて移動することは困難です。それを続けていれば、間違いなく双方に障害が生じます。しかし、接触面積を減らし、滑りやすい状況を整え、力の方向をコントロールすれば、体重差があっても、負担なく移動することは可能です。

ベッド上での移動ポイント
①滑りやすさ、接地面積を工夫し、摩擦を減らす。
②力を加える位置や方向を工夫し、力の方向を一致させる。

---

2 ベッド上での移動の介助

1 下から上への移動

[①踏み込む力のない利用者]

1 介助者は、利用者の首、肩のあたりから、背骨に沿って手を差し入れる（接地面積を減らすことで摩擦を減らす）。

2 利用者は膝を曲げ、胸の前で腕を組み、おへそをのぞき込むように首を上げる（接地面積を減らす）。

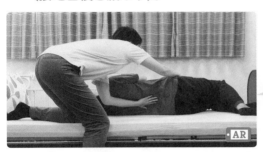

> ベッド上で手を背骨に沿って、まっすぐ差し入れることで、上半身がベッドから浮きます。

3 介助者は利用者と平行に位置する。利用者の頭より上の位置に片膝をつき、介助者の臀部をヘッドボードに向ける（動かす方向に向ける）。

4 介助者は臀部を上げ、介助者の臀部の重みと重心移動により上へ移動する。このとき、介助者の腕は曲げた状態で固定し、もう一方の手は利用者の太ももの付け根あたりを支える。

> 介助者は臀部を上げ、後方にしゃがみ込むように引き上げます。腕を曲げると速度が変化し、利用者に不快感を与えます。

ポイントチェック ☑

☐　摩擦の軽減はできていますか。首の後ろから背骨に沿って深く手を入れることにより、上半身はほとんど浮きます。差し入れた介助者の手は、進行方向と一致しているので、接地面積も最小になります（腕を横向きに滑らせると、接地面積が広くなります）。それでも動きにくければ、臀部の下にスライディングシートやビニール袋などを敷くと、より摩擦を減らすことができます。

☐　力の方向は一致していますか。介助者は利用者の身体に近い位置で並列します。介助者の臀部をヘッドボードに向けることにより力の方向が一致し、利用者の身体に、無駄なく力を伝えることができます。

＋α　こんな介助、していませんか？

❌　肩と臀部を支えて、横移動！

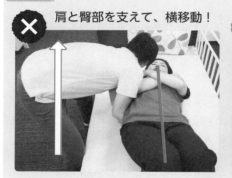

⭕　力の方向が一致している

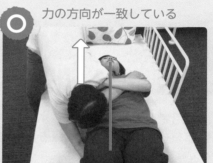

　介助者は、利用者の肩甲骨と臀部の下に手を差し込み、重心移動で上方に動かしていますが、なかなか動きません。それはなぜでしょう。

①摩擦が軽減できていない！

　最も体圧がかかっている肩甲骨と臀部の下に手を入れていますので、摩擦を軽減できているようにみえます。しかし、背中や腰の付近は接触しているため、持ち上げなければ摩擦は軽減しません。また、利用者の身体に対して、両手を横から差し入れていますが、進行方向はベッドの上方であり、腕が接触する面積も大きくなります。

②力の方向が一致していない！

　足先を進行方向に向けることで介助者の身体は、大きく重心移動ができますが、利用者から身体が離れるため、力の方向が一致せず、無駄なく力を伝えることができません。

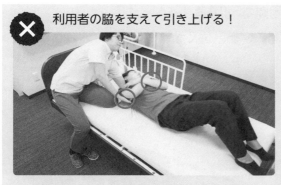

✕ 利用者の脇を支えて引き上げる！

　利用者の上方から両脇に手を入れ、上方へ引き上げてはいませんか。この方法は、摩擦を軽減できていないため、利用者、介助者ともに大きな負担がかかります。特に麻痺のある利用者では、肩の脱臼のリスクが高くなります。

[②片足または両足に踏み込む力がある利用者]

1 介助者は利用者の足側に位置し、片膝をベッドにつく。

2 利用者の膝を約90度に曲げ、足の裏を介助者の太ももに固定する。

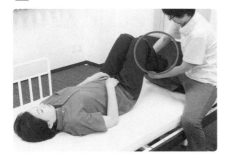

3 利用者に臀部を上げてもらい、膝および臀部を上方に押し上げる。

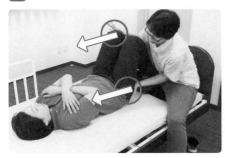 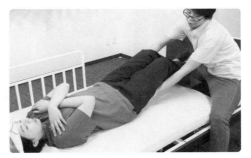

　このとき、踏み込む力のある利用者には、介助者の太ももを蹴ってもらいます。蹴る力が足りない場合は膝と臀部と太ももの間あたりを介助者が押します。動きにくい場合、肩甲骨の下にスライディングシートなどを敷くと動きやすくなります。

[③体格が大きく、①②の方法が困難な利用者]

1 利用者は膝を曲げ、胸の前で腕を組み、側臥位になる（膝が曲げられない場合はそのままでも可能）。

2 上側の骨盤を下から押し上げたまま円を描くようにベッドに接地し、約5〜10cmずつ上方に移動させる。

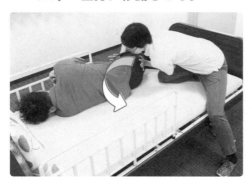 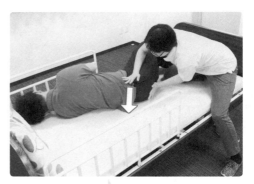

押し上げた後、仰臥位になるまで押さえます。

3 反対方向に側臥位になり、同様に骨盤を回転させるように押し上げ、適正な位置に上がるまで繰り返す。

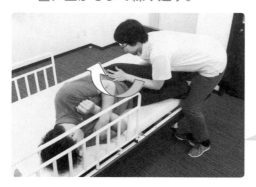

体格差があっても確実に移動できます。

Q1 ● 片麻痺の利用者に③の方法で介助するには、どうしたらいいですか。

A1 ● 患側が下になる場合、完全に側臥位になると肩の脱臼のリスクがあります。したがって、患側が下になるときには身体を45度ぐらいの半側臥位で実施します。

Q2 ● ③の方法で、側臥位で上側の骨盤を押し上げても、仰臥位（ぎょうがい）になるときに、元の位置に戻ってしまいます。

A2 ● 骨盤を押し上げたとき、接地するまでベッドに押さえるようにして力を加えます。

Q3 ● 仙骨部や大転子部に褥瘡（じょくそう）があります。

A3 ● ③の方法は、仙骨部に褥瘡がある利用者に対しても、直接患部を引きずることはないため可能です。体格差が大きかったり、シーツの摩擦が大きかったりしても移動が可能です。

2 　上から下への移動

[①全介助に近い利用者]

1 利用者は膝を曲げ、胸の前で腕を組む。

2 介助者は、利用者の臀部あたりに位置し、腰の下から肩甲骨に向かって手を入れ、利用者の上半身を浮かせて摩擦を減らす。

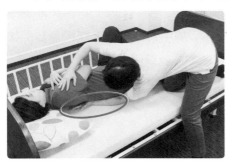

なるべく背骨に沿って手を入れます。

3 介助者は、身体が利用者と平行になるように調整し、体重移動を活用し引き寄せる。

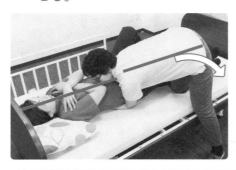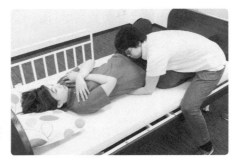

> このとき、介助者のもう一方の手を利用者の足の間から入れて反対側の骨盤を下から支え、身体を近づけ、力の方向を一致させます。腕の力で動かさないように、肘を固定したまま動かします。

［ ②全介助に近い利用者（膝関節症などがない場合）］

1 利用者は膝を約90度に曲げ、胸の前で腕を組む。

2 利用者のつま先を介助者の膝で固定する。介助者は、膝の上あたりを手のひらで支え、斜め下方向に引き寄せる。

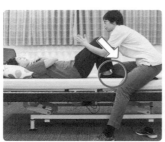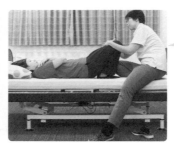

> ゆっくり引き寄せると、臀部、腰、背部が順に浮いてきます。

　麻痺があっても膝の屈伸ができる利用者であれば可能です。ただし、膝関節症や膝の拘縮（こうしゅく）など、膝に障害がある場合は適しません。肩甲骨部分だけが接地した状態で滑らせますので、仙骨部に褥瘡があっても可能です。肩甲骨部分にスライディングシートなどを敷くと、摩擦はより軽減できます。

3 奥から手前への移動

1 利用者は膝を曲げ、胸の前で腕を組む。

2 介助者は、利用者の肩甲骨部と臀部の下に手を深く差し入れる。

> 膝が曲がらない場合は上半身と下半身を分けて行います。

> 腰部分ではなく、最も体圧がかかっている臀部の下に手を入れます。

3 膝またはすねをベッドフレームに当て、そこを支点として腰をゆっくり下ろしながら利用者を引き寄せる。

> 介助者の肘を曲げる力で動かさないように、肘を固定し、重心移動を活用してゆっくり移動します。

ポイントチェック ☑

☐ 利用者を引き寄せるとき、介助者の肘を曲げる力で動かしていませんか。

✕ 肘を曲げる力で動かしている！

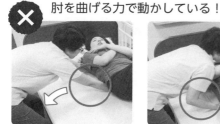

> 介護者の肘を曲げる力で引き寄せると、途中でスピードが変わったり、反動を使ったりしてしまうため、利用者に不快感を与えます。

◉ 重心移動で動かしている

> 介助者の肘は曲げたまま固定し、臀部を下げることで移動します。

4　手前から奥への移動

[①手前側に麻痺がある利用者]

1 利用者は膝を曲げ、胸の前で腕を組む。

2 介助者は利用者の横に位置し、肩甲骨の下にできる限り深く手を入れる。

3 利用者に、胸を合わせるように近づき、肘の角度を固定したまま臀部を下げ、利用者の奥側の肩を下から浮かせる。

4 介助者はもう一方の手を奥につき、腰の負担を分散し、利用者の肩甲骨の下に入れた肘を滑らせるようにして、奥へ押し込む。

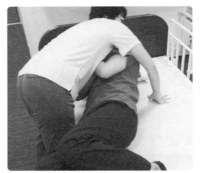

介助者の肘に利用者の上半身の重心が乗ります。

5 臀部も同様に、臀部の下にできるだけ深く手を入れる。

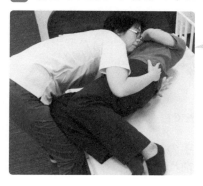

腰ではなく、手の入りにくい臀部の下に手を差し込むことによって摩擦を軽減します。

6 上半身と同様に利用者に近づき、肘の角度を固定する。臀部を下げることで、利用者の臀部の奥側を浮かせる。手をベッド上につき、腰の負担を軽減しながら、肘を滑らせるようにして奥に移動する。

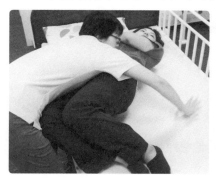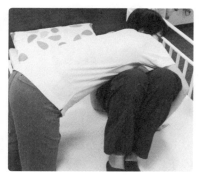

ポイントチェック ☑

☐ 摩擦を軽減できていますか。摩擦を軽減するため、なるべく入りにくい位置に手を差し込みます。介助者の手が届かず、利用者を十分に浮かせることが困難な場合は、利用者の肩を介助者の両手で抱え、胸を合わせてから腰を下げることによって、「てこの原理」を活用します。

☐ 利用者の重心が介助者の肘に乗っていますか。介助者から見て、利用者の身体が手前に向いた側臥位に近い状態になっていれば肘のあたりに体重がしっかり乗っています。

[②膝が曲がらない利用者／体格が大きい利用者]

　体格が大きい利用者の場合は、これまでの方法では困難な場合もあります。上半身は前述①の方法で可能でも、膝が曲がらない利用者の場合、下半身が非常に重く感じます。下半身については骨盤を回転する方法で行うとよいでしょう。

1 上半身は、「①手前側に麻痺がある利用者」の方法で移動する。

2 手前向きの側臥位になってもらい、下側の腰骨に手のひらの付け根（手根部）を当てておく。反対の手で利用者の上側の腰骨を前に引き寄せる。

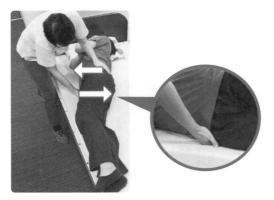

3 下側の腰骨よりも手前に重心を移し、下側の腰骨を押し込むと腰が回る。これによりベッドの中央まで臀部が移動する。

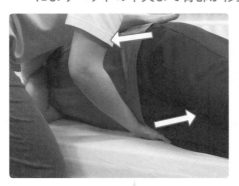

> 下側の腰骨よりも上側の腰骨を手前に引き寄せると下の腰骨は軽くなるので、そのタイミングで押し込むと腰が回ります。上側の腰骨を引き寄せられていないと、下側の腰骨を押し込んでも、重くて動きません。

第 **9** 章

車いすの介助

1 車いすの介助の前に

1 車いすの特徴

　車いすは、歩行が困難であったり、歩行に負担のある人の移動のための道具です。したがって、長時間、座り続けることには適していませんし、「安心・安全で、乗り心地のよい乗り物」では決してありません。**車いすの特性を理解し、必要なとき以外はいすに移乗する支援を行ったり、定期的に姿勢を修正する支援を行ったりすることが必要です。**また、車いすの操作に留意し、利用者が、苦痛や不快を感じていないかどうか、丁寧に観察し、声をかけるなどの配慮が不可欠です。

　さらに、利用者に適した車いすのタイプやサイズを選定することやクッションなどの付属品の適切な活用も重要です。シーティング（座面改良）に積極的に取り組んでいる事業所等では、車いすの座面の上に厚手のベニヤ板を敷いて、その上にクッションを置いているところもあります。それによって、少しでも体幹を動かすことのできる利用者では、自分で重心を移動することができるように工夫をしています。腰の後ろや臀部の横にロールタオルを詰めることによって骨盤が安定し、上半身の姿勢の崩れが予防できる場合もあります。

2 ブレーキの点検

　車いすを使用する時には、必ずブレーキの点検を行います。具体的には下記の点です。

- 後輪タイヤの空気圧：パンクしていなくても空気圧が低下するとブレーキの制動が悪くなります。
- 後輪タイヤの摩耗：屋外で使用していると摩耗によりブレーキの制動が悪くなります。
- ブレーキ固定ねじの緩み：ブレーキは固定ねじによって位置調整できるようになっています。ブレーキレバー操作が軽くなると制動が弱くなります。レバー操作が重くなると制動は強くなります。全介助の利用者が使用する場合は、制動を強くするためにブレーキの位置をタイヤ側に寄せます。

---

2 安定した座位

1 「90度」の姿勢

　安定した座位とは、長時間、苦痛なく維持できて、さまざまな目的に適した姿勢です。腰・膝・足関節がおよそ90度になり、上半身の重みを背骨と骨盤で支えることが、「正しい姿勢」の基本となります。

　また、身体の部位のなかでも、大きく重い大腿部の重みを足関節（足首から足の裏全体）で支えることで、座位が安定するだけではなく、咀嚼（そしゃく）・嚥下（えんげ）能力も向上します。また、麻痺があっても、「90度」の姿勢をとることで、尖足（せんそく）予防になります。

図6 ▶ 安定した座位姿勢

頭および上半身の重みを骨盤で支えると、負担が少なく、座位が崩れにくくなります。

大腿部の重みを足関節（足首から足の裏全体）で支えます。

日本人の平均身長では、90度になる高さは38cm± 3 cm程度です。

安定した座位姿勢　　　　　　　　　不安定な／立ち上がりやすい座位姿勢

立ち上がるには、足の裏がつく範囲で高めが適しています。ただし、足の裏に体重が乗っていないと座位は不安定になります。

　一方、車いすでは、座面の傾斜や高さなどにより、「90度」の姿勢を保つことはできません。足台を活用する方法もありますが、座面の安定性や膝の角度などを総合的に考えると、車いすで移動した後は、いすに移乗する生活が望ましいといえます。

図7 ▶ 車いすでの座位姿勢

フットサポートに足を乗せると座面の高さが適していても、足の裏には体重がかからないため、踏ん張ることができません。

車いすの座面は、柔らかく、奥が下がっているため、座位は安定しづらく、自分で姿勢を変えることも困難です。その結果、上半身の姿勢も崩れやすくなり、仙骨部に圧が集中して、褥瘡（じょくそう）の原因にもなります。

2　移乗の際の介助者の位置

　介助者は、最も危険が予測できる位置に立ちます。車いすに座る動作に、介助や見守りを必要とする場合は、利用者の側面から介助を行います（片麻痺のある利用者の場合は、患側から）。側面から介助すると、座り込む速さや着座する位置の調整がしやすいほか、患側の膝折れを防ぐことができます。また、利用者がフットサポートにつまずき、前方に転倒しそうになる場合にも対応できます。

　車いすの後ろに位置していると、前方や側方への転倒に対応することは困難です。

後ろからズボンを持って支えている！

 患側から支えている

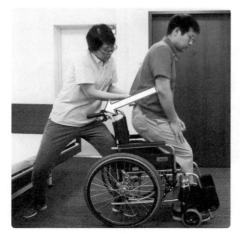

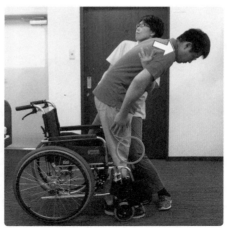

3 停車時のキャスタの位置

　停車時は床に足裏がしっかりつくようにフットサポートから足を降ろしておくことが原則です。座位の安定姿勢は「90度」の姿勢を意識し、必要に応じて足台などを利用します。足の裏に重心がかかっていないと、上半身の姿勢の崩れや緊張、転倒などのリスクが多くなるため避ける必要があります。

　また、フットサポートに足を乗せたままにしておくと、車いすを使い慣れていない人や状況が十分に認識できない人（特に認知症の利用者など）が、フットサポートの上に立ち上がろうとして転倒するリスクが考えられます。

　このようなリスクを防ぐためには、車いすを止める際に、停車位置より5～6cmほど前に進めてから停車位置に戻します。この操作を行うことによってキャスタが車軸に対して前に出ます。その結果、支持基底面積が広がり、万が一、フットサポートの上に立ち上がったり、車いす上から床に落ちている物を拾おうとするような深い前傾姿勢になったりしても、車いすが前方に傾き、転倒することを予防できます（車いす操作に慣れてくれば同一地点でキャスタを回すことも可能）。

×　転倒しやすい位置　　　　　　　　○　安全な位置

キャスタが車軸よりも後ろにあると、腰が浮いた段階で、車いすは前に倒れます。

キャスタが車軸よりも前にあると、立ち上がっても、重心を前方に大きくかけなければ倒れません。

4 降車の準備

　車いすから降りる際は、「立ち上がり」の介助と同様に、浅く座り直し、足を手前に引く必要があります。レッグサポートを着用している場合や小柄な利用者がシートに深く座っている場合など、足を手前に引くことができなければ、立位にはなれません。足を引いたときに、膝を真上から見てつま先だけが見える程度になるように、臀部を前に出す介助を行います。浅く座り直すことによって、足に重心を移しやすくなります（詳細は、18ページの「立ち上がりの準備」参照）。

［ 浅く座り直す ］

1 斜め後方に寄りかかってもらい前方向の重心を外す。

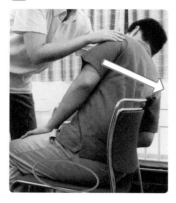

2 浮いたほうの骨盤を前に回すようにして臀部を移動する。介助者は寄りかかってもらった側に立ち、転倒を防ぐ。

前方に滑りすぎないように、膝を合わせて固定します。左右交互に行い、前方に移動します。

利用者の身体に触れる場合、指先など小さな面で支えたり、握ったりすると、特に高齢者では、内出血や皮膚を傷つけたりする危険があります。また、たとえ同性介助であっても身体をつかまれることは不快です。なるべく手の広い面で利用者の身体を支えるように心がけます。

ポイントチェック ☑

☐ 前方に重心が傾いていませんか。車いす上で、利用者が前傾姿勢になっていると、片側に寄りかかっていても臀部は浮きにくくなります。また、前傾姿勢になることによって前方向に重心が移動するため、前に動きにくくなります。一度、利用者の上半身を起こして、後ろに重心を移してから片側に寄りかかるようにします。

☐ 骨盤を回転させていますか。浮いた腰骨を直線的に動かそうとすると、摩擦が大きくなります。回転させる動きによって摩擦を最小限にすることができます。

こんなとき、どうする ❓

Q● 車いすの幅が狭く、片側に体重をかけても臀部が浮きません。

A● 後ろに重心が移動するように寄りかかってもらい、片側の後方から臀部とシートの間に介助者の手のひらを下に向けて（臀部に手の甲が当たるように）差し込み、骨盤を回転させるように動かします。

3 姿勢の維持と修正

1 フットサポートとレッグサポートの活用

　車いす走行中は、足が前輪に巻き込まれないように必ずフットサポートに乗せます。利用者が健側の足を使って自走できる場合は、患側の足だけを乗せておきます。

　レッグサポートは、足の巻き込みや前方への転倒防止を目的に使用します。利用者が自走する場合は、邪魔になるため外しておきます。介助者が操作する場合は、必ず装着します。キャスタが段差にぶつかるなどの衝撃があっても両足が車いすの内側に入り込むことがないため、前方への転落を防ぐことができます。車いすで福祉車両に乗車しているときも必ず装着します。

❌ レッグサポートをしていないと、前方に投げ出される！

走行中に障害物に当たるなどして急ブレーキがかかると上半身が勢いよく前傾します。このとき、レッグサポートをしていないと、足は車いすの内側に入り込み、前方に投げ出されてしまいます。

2 姿勢の修正

　車いすに長時間座っていたり、体幹を維持する機能が低下していたりすると臀部が前方にずれて、いわゆる「仙骨座り」の状態になりやすくなります。

　転落の危険性はもちろんのこと、この状態が続くと褥瘡や腰痛の原因になります。介護現場では車いすからの転落・転倒に加え、「座らせきり」による褥瘡や腰痛についても重要な課題です。

車いすやベッドからの転落・転倒事故の主な原因としては、①同一姿勢をとり続けることの苦痛や痛みから逃れようとして転落する、②排泄感覚の不快さから逃れようとして転落することが挙げられます。いずれにしても痛みや不快感から逃れようとした結果、また、介助者が利用者の痛みや不快感を察することができなかった結果、事故が起こるということです。したがって、快適な座位を維持するため、座り直したり、重心を移動したりするなどの支援が必要になります。

[①後方からの修正]

1 利用者の脇に手を入れ、上半身を斜め前方に倒して、片側に重心を移動する。軽くなったほうの腰骨を支え、後方に回転するように移動する。

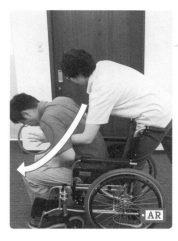

前傾姿勢をとることで、動く方向から重心を外します。

2 反対側も同様に骨盤を後方に回転するように移動する。

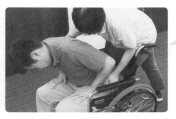

重心が軽くなったほうの腰骨を手根部で支え、骨盤を後ろに回転するようにして移動します。一度に大きく動かない場合は、数回に分けて左右交互に移動します。

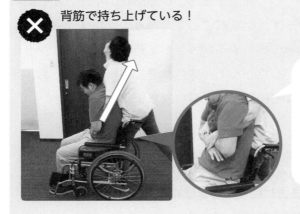

＋α　こんな介助、していませんか？

✕　背筋で持ち上げている！

利用者は腕を組み、介助者は脇の下から手を入れ、上半身を反らせる力で利用者を後方に引き上げています。利用者は肋骨骨折や肩の脱臼、つかまれた部分の内出血、介助者は腰を痛めるリスクがあり、両者にとってとても負担の大きい方法です。

ポイントチェック ☑

……………………………………………………………………………………

☐　利用者は背もたれに寄りかかっていませんか。重心が後方にあると、身体を片側に傾けても臀部は浮きにくく、動きにくくなります。利用者の上体を起こし、やや前方に上半身全体でアームサポートに寄りかかってもらうことにより、臀部が浮き、骨盤が回転しやすくなります。

[②前方からの修正]

　リクライニング式の車いすやトイレなどの狭い場所で、車いすの後方に回ることができない場合は、前から姿勢を修正します。立ち上がりに全介助が必要な利用者の排泄介助で、皮膚が汗ばみ、臀部が便座から上がらない状況などでも活用できる方法です。また、ベッドに移乗したとき、浅座りになってしまったときにも応用できます。

　前方にずり落ちている利用者の特徴として、前方に足が投げ出されている状況がみられます。まず、足を直角程度に引き寄せます。これはこれ以上ずり落ちることを予防することと、もう一つ理由があります。高齢者は股関節が硬くなりやすいため、足が前方に伸びていると、前傾姿勢になりにくいからです。

　今にも落ちそうな状況のときは曲げた膝を前方から固定して行います。

1 介助者は利用者の斜め前に立ち、脇の下に手を入れ、斜め前方に寄りかかってもらう。

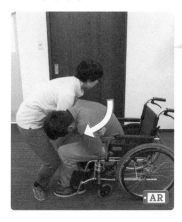

利用者の上半身を前方に引き寄せてから、片側に重心を移します。前傾することで、後ろに動きやすくなります。

2 浮いた側の臀部の骨盤を押し上げるようにして後ろに回転させる。介助者の立ち位置と手を差し替え、反対側も同様に行う。

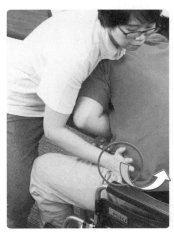 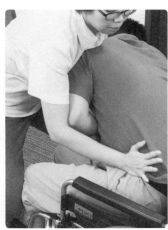

重心が軽くなったほうの腰骨を手根部で支え、骨盤を後ろに回転するようにして後ろに動かします。

ポイントチェック ☑

□ 利用者の上半身を斜め前方に引き寄せていますか。車いす上の座位で臀部を後ろに移動させる場合は、前方（大腿部の裏あたり）に体重がかかり、臀部の後方がしっかりと浮いていると移動しやすくなります。利用者の脇の下を前から支え、斜め前に寄りかかってもらうことにより臀部が軽くなり、骨盤を回転しやすくなります。

□ 臀部を引きずるようにして動かしていませんか。便座上での動きなど、摩擦が大きい場合は、骨盤で歩くようなイメージで片側の腰骨を下から押し上げ、回転させるように力を加えます。

こんなとき、どうする ❓

Q ● 車いすの幅が狭く、上半身を片側に倒すことができません。臀部を後ろに移動するには、どうしたらいいですか。

A ● 片側に大きく傾けることが難しい場合は、前方に重心がかかるように上半身を引き寄せ、浮いた側の臀部とシートの間に介助者の手のひらを上に向けて（臀部に手のひらが当たるように）差し込み、摩擦を減らします。臀部を回転させるように後方に押して移動します。反対側も同様に行います。

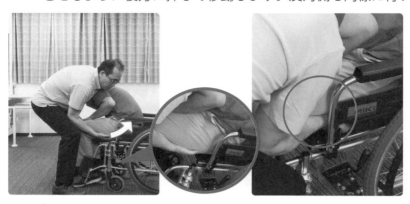

コラム　夜間の入浴

　入浴介助は、リスクも大きく、マンパワーも確保しなければならないことから、施設では日中に実施されることが一般的です。ところが利用者の生活習慣では、夜間に入浴するのが一般的です。朝湯は豪華で贅沢だとポジティブに考える人もいますが、有名な「小原庄助さん」の歌にあるように、「放蕩（ほうとう）」のイメージをもつ人もいるでしょう。

　認知症の見当識障害では、軽度の時期から時間の概念が損傷されます。昼夜逆転は、介助者としても悩みの種の一つです。入浴は体力を消耗します。しかも、ぬるめの湯にゆったり浸かると、副交感神経が優位になり眠くなります。したがって、日中に入浴した後、横になって眠ってしまう人も多くなります。つまり、昼夜逆転のサイクルに入りやすくなるのです。

　夜間の入浴は、人員配置上、厳しく、工夫は必要になります。しかし、もっと人員配置の少ない夜勤帯に、不安が募り情緒不安定になる利用者の心情、振り回される介助者の現状を考えると、夜間に不安が募る人、昼夜逆転になる人だけでも、夜間入浴に取り組んでみることは、利用者にとっても介助者にとってもハッピーにつながるのではないでしょうか。

4 車いすの介助

1 平地の走行

[①「死角」への配慮]

介助者が車いすを操作する場合は、必ず死角（見えない部分）が生じます。狭い場所を通行したり、ベッドやトイレなどに接近したりする際には、利用者の手や足が壁などに接触しないように注意しましょう。

介助者の位置からは、利用者の膝の先端までしか見えませんが、フットサポートから足（特に患側の足）が落ちてキャスタに巻き込んでしまう可能性があります。

また、拘縮が強い場合は、麻痺側の肘関節を車いすと壁で挟んでしまうリスクが高くなり、弛緩性の麻痺がある場合は、腕が車いすから落下し、ハンドリムや後輪に巻き込んでしまうリスクが高くなります。肘関節が外旋（手のひらが上を向く状態）している場合は、肩の線が後方にずれて姿勢が崩れたり、手が落下したりしやすくなります。

車いすを動かす前には、必ず手足の位置を確認します。必要に応じてヒールカップなどで固定することも検討しましょう。

介助者から見える範囲

介助者の位置からは利用者の足先は見えません。手の位置も死角になりやすいです。

[②スピードへの配慮]

車いす乗車中は目線が低くなるため、スピードを速く感じる傾向があります。また、スピードが増すと、キャスタが振動を拾うことが多くなり、恐怖感や不快感に

つながります。車いすを利用している人は、一般的に下肢や体幹の機能が低下していることが多いため、足の踏ん張りや腹筋・背筋で身体のねじれを修正することが困難です。したがって、急発進、急停車、急旋回はとても危険です。ゆっくり走行する、ハンドルについているブレーキを平地で使用しない（急ブレーキに感じるため）、曲がるときには広い場所でも一度停止する、などの配慮が必要です。

[③声かけの重要性]

　車いすは本来、移動のための道具であり、長時間にわたって座り続けることには適していません。また、「安心・安全で乗り心地のよい乗り物」でもありません。介助者はそれらを理解したうえで、利用者と信頼関係を築いていけるよう、丁寧な説明や安心・安全・快適につながる声かけや確認を行うことが不可欠です。

[④狭い場所での角の曲がり方]

　道幅に関係なく、曲がり方の原則は「停止して曲がる」ことです。自動車やバイクなどと異なり、車いすは停止した状態で360度回転できます（車いすに座り、両手でハンドリムを持ち、片方は前に、もう一方は後ろに回すと回転します）。一度、停止してから曲がることで狭い場所でも、利用者のつま先をぶつけたり、腕などを内側に巻き込むことなく角を曲がることができます。

1 車いすを曲がり角、内側いっぱいに寄せ、曲がり角に後輪の中央を合わせる。

2 いったん停止し、内側のハンドルを固定し、外側のハンドルだけで回転する。

　最小の半径で回るには、内側ギリギリに回る必要があります。進みながら回転すると、大回りになるため、前方のフットサポートやつま先をぶつけます。また、内輪差で手などを挟む危険性もあります。曲がり角ではいったん停止し、曲がってから進みます。

　トイレやエレベーターの出入り、食堂のテーブルに車いすをつけるときなど、狭い場所を移動するとき、また、広い場所でも、進みながら曲がると遠心力で利用者が不安定になるため、一度止まって、曲がってから直線的に進むように操作します。後ろ向きに角を曲がる場合も同様です。

2 悪路の走行

[①キャスタの上げ方／下ろし方]

　キャスタを上げる際、ティッピングレバーを上から踏んでいないでしょうか。この方法では、利用者が浅く座っていて重心が前にあったり、介助者よりも利用者の体重が重かったりすると、キャスタは上がりません。仮に利用者が小柄でキャスタが上がったとしても、後輪の設置面を支点に、勢いよくキャスタが上がるため、利用者は恐怖を感じます。特に、介助者がハンドルのブレーキを握ったまま操作を行うと後輪がロックされたままキャスタが急激に上がるため、とても危険です。

[②キャスタの上げ方]

ティッピングレバーは、上から踏むのではなく、ゆっくりと前に踏み込み、ハンドルは手前、下方向に引きます。

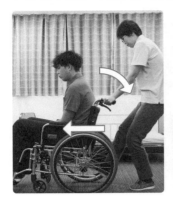 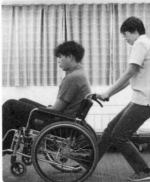

> 体格のよい利用者でも、ゆっくりと滑らかにキャスタを上げることができます。

図8 ▶ 重心の移動

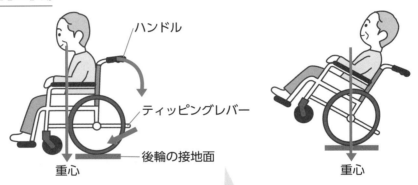

ハンドル
ティッピングレバー
後輪の接地面
重心
重心

> 重心の位置まで後輪の設置面を転がすイメージで、前に踏み込みながらハンドルを下に引き込むことにより緩やかにキャスタが上がります。

[③キャスタの下ろし方]

キャスタを下ろす際は、後輪の内側にかかとをつけてティッピングレバーが戻るのを待ちます。

> キャスタが着地するまでかかとを地面から離さなければ、着地の衝撃を完全に消すことができます。

こんなとき、どうする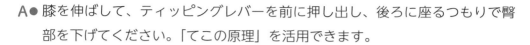

Q● 体格がよく、体重の重い利用者では、キャスタが上がりません。

A● 膝を伸ばして、ティッピングレバーを前に押し出し、後ろに座るつもりで臀部を下げてください。「てこの原理」を活用できます。

[④悪路の走行]

舗装されていない道、砂利道、芝生などは、キャスタを上げたまま後輪で走行します。キャスタが地面に食い込み、走行が困難になったり、小さな凹凸を振動として伝え、利用者に不快感を与えてしまったりするため、キャスタを上げ、安定した角度で操作します。

硬い路面の場合（硬く凹凸がある路面で、後輪が食い込まない場合）の角度

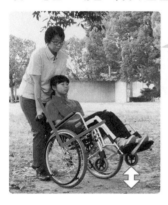

ハンドルを押さえている手が軽くなる位置までキャスタを上げると、揺れることなく安定して走行できます。踏み切りや排水溝のふたの上などもキャスタが溝にはまる可能性があるため、後輪で走行するほうが安全です。

柔らかい路面の場合（芝生や砂地、砂利道など、柔らかい路面で後輪が食い込む場合）の角度

「硬い路面の場合」より、もう少し高く、ハンドルを下から持ち上げているように感じられる位置までキャスタを上げます。この位置では、後輪の食い込みが抑えられ、安定して走行できます。

3　段差の昇降

[①段差の昇降の原則]

　段差は「上りは前から」「下りは後ろから」が原則です。キャスタを上げずに走行できる段差は、約２cm以内と考えられます。後ろ向きであれば、５cm以内の段差や凹凸を越えることは可能です。それ以上の段差で「踏み面」に車いすが乗る場合は、１段ずつ上ったり下りたりします。

図9 ▶ 踏み面と蹴上げ

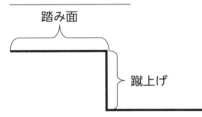

踏み面

蹴上げ

[②段差を上る──踏み面に車いすが乗る場合]

1 キャスタを上げ、「踏み面」に乗せ、後輪が「蹴上げ」に当たるまで近づく。

段差に対して直角に当たるようにします。

2 介助者は身体を横に向け、背もたれの下に深く足を差し込み、大腿部の外側と腰で車いすを支える。

身体を正面に向けると、利用者の背中に膝が当たるほか、介助者の腕および腰に大きな負担がかかり、段差が高い場合は危険を伴います。

手は添える程度です。

3 大腿部の伸展と腰を押し出すことにより段差を上る。

介助者は歩幅を広めにとり、前方への体重移動により車いすを押し上げます。車いすが上がりきるまで、腰を離さないようにします。

ポイントチェック ☑

・・・

□ 車いすが上がりきるまで、介助者の腰で押し上げていますか。腰が離れてしまうと、腕で持ち上げることになり、利用者に対しては揺れや反動が大きくなり、介助者に対しては腕や腰への負担が大きくなります。

[③段差を下る──踏み面に車いすが乗る場合]

1 介助者は、身体を横に向け、車いすの背もたれに腰を当てる。

わずかな段差でも前輪から下りると前に投げ出されるように感じるため、必ず後輪から下ります。

段上で利用者の背中に腰を当てることで、支えられている安心感が得られます。

2 腰から大腿部に、順番に乗せる位置を変えながら滑らせるように下ろす。

介助者は、車いすに対して正面を向くと、腕および腰に負担がかかります。また、段差が高い場合は、危険を伴います。

手は添える程度で、腰と大腿部で車いすを支えます。

3 後輪が着地したら、キャスタを上げた状態で、安定した場所まで後退し、ティッピングレバーを踏みながら静かにキャスタを下ろす。

介助者のかかとは、キャスタが着地するまで地面から離さないようにします。

こんなとき、どうする

Q1 キャスタを上げて段差を越えるとき、衝撃が大きくなってしまいます。

A1 キャスタを上げて段差を越える瞬間に、さらに少しハンドルを下げてキャスタを上げます。角度は、「柔らかい路面の場合」（143ページ参照）を目安とします。ハンドルを下から支える状態で操作すると、段差を乗り越える衝撃を後輪で受け止めやすくなります。また、段差に対して直角に入っているか、段差の手前で減速していないか、確認してください。5cm以上の段差は「段差の昇降」の方法で、ゆっくり丁寧に越えますが、小さな段差はためらわずに走行し、段差に当たる瞬間に、さらに少しハンドルを下げると衝撃を小さくできます。

◎ 良い角度

段差に当たるときにキャスタをさらに上げることで衝撃を吸収できます。

✕ 悪い角度

通常のキャスタ上げの角度で段差に当たると衝撃が大きくなります。

Q2 横断歩道の前後の段差、視覚障害者用誘導タイルの上などは、どのように走行したらいいですか。

A2 横断歩道の前後の段差も、5cm以上であれば「上りは前から、下りは後ろから」越えるのが基本です。5cm以下の段差や視覚障害者用誘導タイルについては、キャスタを上げ、後輪走行で乗り越えることにより、衝撃を減らしながら適切な操作が可能となります。

Q3 踏み面に車いすが乗らない場合は、どうしたらいいですか。

A3 段差が20cm以内であれば、次の方法で可能です。

[④段差を上る──踏み面が狭く、車いすが乗らない場合]

1 「柔らかい路面」と同様に、ハンドルを下から支えるぐらいまでキャスタを上げる。

2 後輪を段差に当て、腕を伸ばし、膝を曲げる。

3 腕を伸ばしたまま、膝を伸ばす力で上段に引き上げる。

2名介助の場合

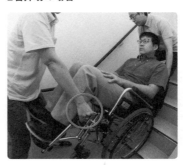

> 　2名介助の場合は、利用者の足側に1名が立ち、フットサポートのシャフト部分を支えてバランスをとります。持ち上げる必要はありません。足元に立つと、利用者の安心感も増します。

[⑤段差を下る──踏み面に車いすが乗らない場合]

1 「柔らかい路面」の走行と同様に、ハンドルを下から支えるぐらいまでキャスタを上げ、腕と膝を伸ばす。

2 後輪の接地面が、段差の端まで来たら、後ろにゆっくり座り込むように膝を曲げ、引っ張られないようにバランスを取り、一段下がる。

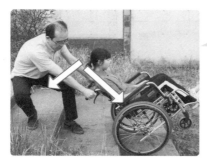

> 　介助者は、後ろに座り込むようにして重心をコントロールします。
> 　2名介助の場合は、介助者は足側に1名が立ち、フットサポートのシャフト部分を支えて、転落しないようにコントロールします。足元に立つと、利用者の安心感も増します。

4 坂道の昇降

坂道の走行は、「上りは前から、下りは後ろから」が原則です。急な下り坂の場合は、身体を横向きにして腰と大腿部で車いすの背もたれを支えながら下ります。ギアタイプのパーキングブレーキは、レバーを中間に入れ、制動をかけながら下るとゆっくり操作がしやすくなります。

上り坂

下り坂

> 急な下り坂は、介助者は、身体を横に向けて下ります。

こんなとき、どうする？

Q● 長い下り坂を後ろ向きに下りるのは負担も大きく、危険を感じます。

A● 長い下り坂や、市街地における他の通行者への対応を考えたとき、坂道を後ろ向きに下りると別の危険が生じる可能性があります。一方で、路面に2cm以上の段差や障害物があった場合、前向きに坂道を下っていると、キャスタが段差にあたり、その衝撃で利用者が前に投げ出される危険があります。これらの状況を踏まえたうえで、緩やかな長距離の下り坂や市街地で他の通行者に配慮しなくてはならない場合などに、路面の状態に注意しながら前向きに下る方法や、悪路走行と同様にキャスタを上げて、前向きに下る方法を選択することも必要です。

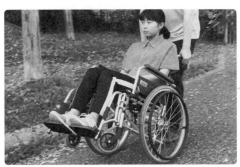

> 前から下ることにより、見通しが確保できます。
> キャスタが浮いているため、多少の障害物や凹凸では衝撃を受けにくくなります。

コラム　最期に「これでよかった…」と思えるように

「他人と過去は変えられない」というのは、心理学者エリック・バーンの言葉です。

例えば、認知症の人が混乱し、BPSDが見られると、周囲からは「困ったことをする人」「困らせる人」というレッテルをはられることがあります。しかし、「困った人」ととらえている間は改善に向かうことはありません。

認知症になると、さまざまな認知症の症状により、現状とのギャップが生まれます。それを受け止めてくれる環境があればBPSDが出ないこともあります。つまり、脳の損傷が直接的に原因となっている中核症状と、BPSDは比例しないことがわかってきています。むしろ、環境や周囲との関係性が関与しているのです。周りから理解されなかったり、受け止められなかったりして孤独や怒り、不安等を感じることによりパニックになっていると考えると、「困った人」ではなく「困っている人」ととらえられます。周囲の人たちが対応を変えることが認知症の人への対応では重要です。他人を変えられないのであれば、変われるのは自分自身しかありません。

過ぎた時間・事実も変えることはできません。しかし、起きた事実の価値は変えられるのではないでしょうか。私は人生はオセロゲームのようなものだと思っています。人生の前半は、多くの出会いや成長を実感することができ「白」のコマが置かれることが多いでしょう。ところが後半にかかると、さまざまな役割や健康、自身の存在意義等の喪失、時には認知症などにより、自分が崩れていくような恐怖に直面するなど、「黒」のコマが置かれることが増えてきます。

例えば、息子に先立たれた人が、終の棲家として設備や環境の整った高級な老人ホームに入所したとします。もし、スタッフから尊厳ある対応を受けることができなかったとしたら、「息子さえ生きてたらこんな人たちの世話にならなくて済んだのに…」と思いながら人生を幕引きすることになります。高級な老人ホームに入居できるぐらい経済的には成功を収めた人であったとしても、最期に「黒」のコマが置かれることにより、それまで置かれていた「白」のコマもすべて黒に入れ替わり、「はかない人生だった…」といわれます。

ところが、最期に出会った介護施設のスタッフから、かけがえのない人として尊厳ある対応を受けることができたなら、「あなたたちに出会えてよかった。私の人生、これでよかったのかもしれない。ひょっとしたら亡くなった息子があなたたちに出会わせてくれたのかもしれない」と思いながら最期を迎えられるかもしれません。息子の死という事実は塗りかえられなくとも、それさえも最期におかれた「白」のコマの布石として、すべて白に入れ替わり、あの世に逝くことができるかもしれません。

私たちは医療者のように生命を左右するような力はもち合わせていません。しかし、時として、もっと大きな、その人の人生の意味にまで、後付けで関与してしまうことがあるのかもしれません。

第 **10** 章

生活場面で見る介護技術

1 排泄の介助

　食事、睡眠、日中の活動、排泄は、生活の基本として考えられますが、**特に排便は、体調だけでなく心理的なストレスも含め、生活状況の影響を大きく受けます。**したがって、**利用者によい排便がみられれば、「よい生活を支援できている」**という一つのサインと受け取ることができますし、便秘や下痢になってしまったときは、支援内容を見直す必要があるかもしれません。

　長期の便秘は、他の病気につながる可能性もあります。利用者も苦痛や不快を感じるので緩下剤や浣腸も必要でしょう。一方で、**「便秘になってしまう原因が生活のなかにあるのではないか」**と振り返ることが大切です。生活そのものを見直さなければ、長期的に見れば、便秘は改善されません。

1 トイレでの排泄

[①排泄の姿勢]

　排泄の姿勢はとても重要です。仰臥位（ぎょうがい）や立位では腹圧がかかりませんし、直腸と肛門が屈曲するために排便しにくくなります（図10参照）。また、体幹（特に腹筋）が弱くなると腹圧がかかりにくくなり、適切な時間に便座に座っても排便が困難で、便秘になりやすくなります。排便時に怒責をかける（いきむ）と、血圧の急上昇につながり危険です。自然に腹圧をかけるには次の点が必要です。

> ①前傾姿勢になること
> ②股関節を深く曲げること（和式便器にしゃがんだときの角度が理想的）

　前傾姿勢は前方への転倒のリスクを伴いますが、足を前方へ出すことにより前方への転倒を防ぐことができます（高齢者では、一般的に股関節が固くなるので、より転倒しにくくなります）。また、横ではなく前方に可動式の手すりを付けると、腹圧と姿勢の維持に有効です。便器の前方に車いすを置けるスペースがあれば、車いすを横向きに設置し、アームサポートに寄りかかってもらうと、同様の効果が得られます。

前方に可動式の手すりを付ける

前方に車いすを横づけし、寄りかかれるようにする

図10 ▶ 座位と直腸の角度

＜いす座位＞

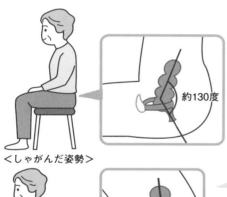
約130度

＜立位・仰臥位＞

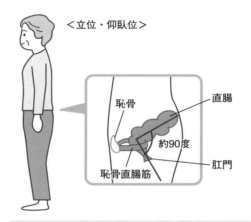
恥骨
直腸
約90度
肛門
恥骨直腸筋

＜しゃがんだ姿勢＞

まっすぐ

立位や仰臥位の姿勢では、便が肛門に行かないように直腸が屈曲しています。洋式便器の座位姿勢ではわずかに角度が緩みますが、直腸と肛門は一直線になりません。和式便器の姿勢では、直腸と肛門が一直線になり、大腿部からの下腹部の圧迫も加味され、便が最もスムーズに排便されます。

こんなとき、どうする ❓

Q 洋式トイレの便座が高く、排泄姿勢をとることが難しいのですが。

A 便座の高さは、腹圧をかけやすくするには低め、立ち上がるためには高めが好都合です。その2つの条件を満たすには足台を活用する方法があります。排泄時には、股関節が深く曲がるように足台を使い、立ち上がるときには足台を外せば2つの条件を満たすことができます。また、バスタオルを硬めにロール状にしたものや、少し硬めのクッションを下腹部に抱え込みながら前

傾するといきむことなく腹圧を高めることができます。

足台を高めにして足を前方に
出すと、前方への転倒を防ぐ
こともできます。

[②トイレ内の動作]

トイレでは、方向転換や衣服の上げ下ろしの動作を行います。片麻痺や失行など
により重心移動が困難になると、これらの動きは想像以上に難しくなります。

一度、便座に座ってから、臀部を浮かせてズボンを下げ、排泄後は、再度、臀部
を浮かせてズボンを上げて座ります。それから車いすなどへの移乗を行います。手
間がかかるように感じるかもしれませんが、動きをシンプルにしたほうが声かけも
伝わりやすくなり、スムーズな動きが可能になります。

表 ▶ トイレ内の移動の際の留意点

・片麻痺の利用者では、患側の膝折れに注意しながら支え、健側の足を動かして移動し
ます。
・失行やパーキンソン症状がある利用者など、麻痺はなくても歩行が困難な利用者に対
しては身体を左右にゆっくりゆすりながら重心移動すると方向転換がしやすくなる場
合があります（49ページ参照）。
・立位保持が困難な利用者でも、座位の保持が可能であれば、一度、便座に座ってから
衣服の上げ下ろしをすることで、トイレでの排泄が可能です。

[③車いすの位置]

自立または一部介助の場合

全介助の場合

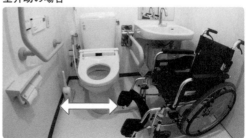

手すりを用いてトイレに移乗する場合、手すりに近づきすぎると上半身が直立し、重心移動がしにくくなります（22ページ参照）。手が届く範囲で手すりまでの距離をとることで前傾しやすくなります。したがって、自立または一部介助でも左の写真程度の距離は必要となります。ただし便座との距離は最短になるようにします。

　便座への移乗に全介助が必要な場合（手すりを使わない場合）は、介助者が入るスペースを確保します（写真右参照）。両足の間にある回転軸と便座との距離が最短になるようにします（便座の先端との角度は20〜30度）。

　トイレ内での介助では、限られたスペースのなかで重心移動を効果的に活用する必要があります。そのためには、浅く座り直したり、足の位置を調整したりするなど、準備を丁寧に行うことが大切です。

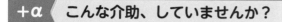

+α　こんな介助、していませんか？

❌　手すりに近すぎる！

手すりに近く、しかも手すりの上方を持っているため、上半身の重みは完全に臀部にかかっています。

❌　持ち上げている！

介助者は、重心がかかり、最も重たい状態の臀部を垂直方向に持ち上げようとしているため、介助者、利用者ともに大きな負担がかかっています。一人が持ち上げ、もう一人がズボン等の上げ下ろしを行っても、お互いの負担は変わりません。

[④トイレへの移乗──立位が可能な利用者]

　立位が可能な利用者では、膝を固定し、腰に手の先が届くように脇から斜めに手を移動して、骨盤と膝を挟むようなイメージで支えると立位が安定します。もう一方の手を離すことができるので、衣服の上げ下ろしが可能です（「座位でのズボン

の着脱」180ページ参照)。

[⑤トイレへの移乗──まっすぐに立つことが困難な利用者]

　体幹が不安定であったり、膝や腰が曲がったままでまっすぐに立つことが困難な利用者では、次の方法が適しています。着脱介助の場面でも活用できます。

　ここでは車いすに戻る動作を例にします。

1 便座に座った状態であらかじめ臀部の丸みの下までズボンを上げておく。利用者は車いすに近いほうの足を前に出し、介助者は利用者の軸足の膝を固定する。

2 利用者には深く前傾してもらい、肩のあたりに介助者の腰を当てる。

3 利用者の頭越しに片手を腹部に深く入れ、手の甲を利用者の腹部に添え、上半身を利用者の背中に固定する。

4 膝を中心に後ろに重心をかけ、利用者を手前に引き寄せる。

脇に入れた手は利用者の身体を持ち上げる力を入れないように手の甲を当てます。

5 腹部に入れた手、腰骨、膝の3点で支えることにより、片手を離すことができる。

6 立位が安定したら、ズボンを上げる。

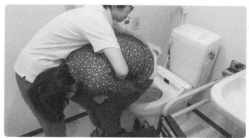

膝を固定した状態で、介助者の片手を深く入れて利用者の上半身を支え、立位を安定させます。

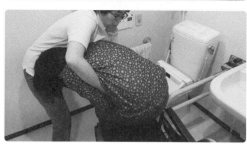

介助者の臀部が車いすの正面にくるように回転します。
着座するまで膝の固定は外さないようにします。

ポイントチェック ☑

・・

☐ 利用者を持ち上げようとしていませんか。3点（腹部に入れた手、腰骨、膝）でしっかりと支え、重心を後ろに下げていく力で臀部を浮かせます。

☐ 手のひらを当てていませんか。利用者の身体に介助者の手のひらを当てると、自然に持ち上げる力が入ります。さらに、その際に握るように指に力が入ると利用者に不快感を与えます。手の甲を当てることにより、持ち上げる方向に力が入りにくくなります。

☐ 移乗の動作の途中でズボンの上げ下ろしを行うことが困難な場合は、移乗してから、再度、腰を浮かせて行います。

前手すりを活用したズボンの上げ下ろし

　便器の前に可動式の手すりが設置されている場合は、介助しても立位保持が困難な利用者も、トイレでの排泄が可能になります。

> 利用者に、前傾して、前手すりに上半身を預けてもらいます。臀部が上がったらズボンを上げたり下ろしたりします。

　前手すりがない場合は、便座の前に車いすや肘かけのあるいすを置くことで、応用できます。転倒防止にもなります。

> 必ず膝を固定します。

［ ⑥ズボンの上げ下ろし──立位保持が困難な利用者 ］

　排泄介助の場面で、長時間立位を保持することが困難な利用者の場合は、座位の状態でズボンや下着を臀部の丸みの下まで上げたり、下ろしたりしておくとスムーズです。

排泄後のズボンの位置

臀部の丸みの下まで上げた位置

> 排泄後のズボンの位置から片手で上げることは簡単ではありません。あらかじめ臀部の丸みの下まで上げておくと、スムーズにズボンを上げることができます。前側は、座った後で整えます。

1 利用者に後ろに寄りかかってもらい、片足を上げ、ズボンの生地の下の部分を握りしっかり押し込む。反対側も同様に行う。

2 移乗または立ち上がった際に、腰まで上げる。

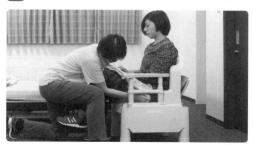

足を先に上げると上半身が不安定になり、転倒しやすくなります。必ず、後方に重心を移動してから足を上げます。

ポイントチェック ☑

□ 利用者に後ろに寄りかかってもらってから足を上げていますか。上半身を後ろに倒すことで足が軽くなり、片手でも簡単に持ち上げることができます。

□ ズボンの下の生地を持って押し込んでいますか。

＋α　ポータブルトイレでの排泄介助

　立位の準備（浅く座り直す・足を引く・前傾姿勢をとる）を整え、ポータブルトイレに近いほうの足を一歩前に出します。ポータブルトイレは、居室に置いてあり、介助者は膝を床につくことが可能なため、「利用者を背中に乗せる方法——体幹が不安定な利用者など」（57ページ参照）の方法で行います。

臀部が浮いた後、膝を支えていた手を膝に換えることで、片手を離すことができ、ズボンを上げたり下ろしたりできます。座るときには、再度、手で固定し直します。

2 おむつの着用

　トイレでの排泄が困難になって、尿漏れや失禁の可能性が高まると、介助者は「おむつを着用すればよいのではないか」と考えがちです。おむつを着用することで、利用者の生活の制限を最小限にすることができるのであれば、それは一つの手段であると考えられます。しかし、利用者はおむつ交換が恥ずかしいのではなく、おむつを使用しなければならなくなったことやおむつで排泄せざるを得ないことに抵抗があるということを忘れてはなりません。できるならば「おむつの交換」ではなく、「下着の交換」を声かけしたいものです。

　仮におむつを着用することになったとしても、はき心地に徹底的にこだわり、気持ちよく排泄できるようにできるだけトイレでの排泄を支援することが重要です。

[①リハビリパンツの着用]

　リハビリパンツを着用する場合は、①適切なサイズで、②正しく着用することがポイントです。サイズや着用の仕方が合っていなければ、はき心地も悪く、尿漏れの原因にもなります。

　ギャザーが股関節にフィットしていると、はき心地がよく、同時に尿漏れを防ぐことができます。逆に股関節のあたりがゴロゴロして、はき心地が悪いときは、隙間だらけでギャザーがフィットしていないので当然、尿漏れしやすくなります。つまり、はき心地と尿漏れは比例します。

1 ギャザーを持って真上に引き上げ、鼠径部（そけいぶ）に沿うようにする。そのままギャザーを対角線上に引き上げ、股関節にフィットさせる。

 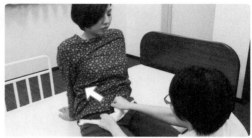

リハビリパンツではなく、ギャザーだけを持って、しっかりフィットさせます。ギャザーは強く引っ張っても破れない強度で作られています。

2 左側も同様に行う。

[②オープン式紙おむつの着用]

　オープン式紙おむつでも、ギャザーを股関節にフィットさせることは同じです。加えて、車いすやいすに移乗する生活では、テープの止め方次第で、はき心地が変わりますので注意が必要です。

1 左右のギャザーを持ち、順に真上に引き上げ、鼠径部に沿わせる。

> ギャザーだけを持ち、大きく引っ張り上げます。ギャザーの中には糸が入っているため、大きく引くことで臀部の後ろまでギャザーをフィットさせることができます。

2 ギャザーを対角線上に引き上げ、股関節にフィットさせる。

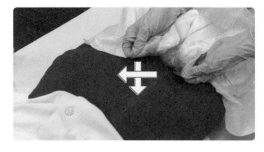

3 下側のテープを上方向に、上側のテープを下方向に、上下のテープが交差するように止める。下側のテープを上に向けて止めることで、股関節のスリットができ、可動域が広がる。上側のテープを下に向けて止めることで、腰骨を固定しつつ、腹部の圧迫を避けることができる。

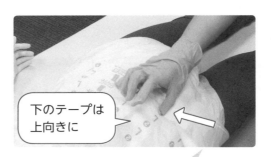

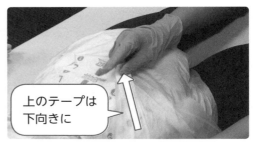

下のテープは
上向きに

上のテープは
下向きに

足の可動域が広がると、車いすを自走しやすくなります。腹部が圧迫されなければ、前傾姿勢になったときの負担が軽減され、座位の姿勢が安定します。

ポイントチェック ☑

- □ ギャザーは股関節にフィットしていますか。オープン式紙おむつには吸水体が多く入っているため、ギャザーが股関節にフィットしていなければ、股関節を閉じたり、座位を保持したりする際に違和感が生じます。はき心地がよければ、尿漏れを防ぐこともできます。

- □ テープは正しく止められていますか。下側のテープと上側のテープがクロスするように止めます。

- □ 濡れたおむつは、すぐに取り替えていますか。排泄後の濡れたおむつで座っていると、吸水体がゼリー状になるためバランスボールに座っているような状態になり、座位の保持がより難しくなったり、腰痛の原因になったりします。

+α 尿取りパッドを併用する場合

おむつのギャザーの内側に丁寧にパッドを入れ込んで使用している状況をみかけます。小型でギャザーの付いていないパッドをおむつのギャザー内に入れ込むのは正しいですが、ギャザーが付いているタイプのパッドは、おむつのギャザーの中に入れ込んで使用するものではありません。丁寧に入れ込んでも装着するときや使用中にずれてしまいます。正しくは尿取りパッドのギャザーをおむつと同様に股関節にフィットさせ、その上からおむつのギャザーを鼠径部とパッドの間に入れ込みます。それぞれのギャザーがフィットしていることがはき心地と尿漏れに影響します。

正しく着用したとしても、パッドを重ねるとすき間が生じ、尿漏れの原因になりますので、注意してください。

パッドのギャザーだけを持ちフィットさせます。

パッドと鼠径部の間にオープン式紙おむつのギャザーを入れ込み二重にギャザーをフィットさせます。

こんなとき、どうする？

Q1 拘縮があり、足を開くことができません。

A1● 足を開くことが困難な場合でも、ギャザーを持って、鼠径部に沿わせるように着用することで、尿漏れを防ぎ、はき心地も確保できます。

Q2 痩せている利用者の場合、鼠径部にくぼみがあり、オープン式紙おむつでは隙間ができてしまいます。

A2● ギャザーを沿わせてもすき間ができてしまう場合は、両面吸収型のパッドを蛇腹折りにするなどしてすき間を埋め、オープン式紙おむつのギャザーをフィットさせると効果的です。

Q3 常に右側臥位（そくがい）で寝ている利用者の場合、尿漏れを防ぐために、おむつの位置も右側に調整したほうがいいですか。

A3● 尿漏れの多くは鼠径部にギャザーが沿っているかどうかで決まります。利用者の姿勢にかかわらず、鼠径部にフィットさせることを重視しましょう。

2 入浴の介助

1 入浴の種類

[①浴槽の種類]

　入浴介助では、身体を保護する衣服を身につけていないため、けがのリスクが高くなります。身体と硬い物が接触するときに大きな事故になります。つまり、硬い物と接触する回数が多い方法が、より危険であるといえます。

　したがって、個浴と座位浴、寝台浴などの機械浴を比較すると、機械浴ではストレッチャーやシャワーキャリーの乗り降りや浴槽への出入りなど、硬い物と接触する機会が多く、また、機械に挟み込んだり、ぶつけたり、転落するリスクがあります。それに対して硬い物と接触する回数が最も少ないのは個浴です。その視点で考えると、**個浴が最も安全な入浴方法といえます。** しかも、認知症があっても、それまでの生活習慣が活かされ、違和感のない方法です。

　股関節やひざ関節が曲がらなくなって、個浴のサイズに収まらなくなった場合は寝台浴が必要になります。逆に言えば、それまでは技術さえあれば、個浴での入浴が可能であるということです。

　その他、個浴には、次のようなメリットもあります。

①浴槽が広すぎないため、溺れるリスクが低く、姿勢が安定しやすい。
②生活習慣としてなじみがあり、リラックスしやすい。
③１対１対応でプライバシーを守りやすく、コミュニケーションがとりやすい。また、湯温や入浴剤など個別ケアを実践しやすい。
④一人ずつ浴槽の湯を入れ替えることができるため、清潔を保ちやすい。

[②浴槽の広さ]

　浴槽には大きく分けて次のようなタイプがあります。
　①洋式タイプ（足が伸ばせるくらいの広さ・浅めの浴槽）
　②和式タイプ（足が曲がるくらいの広さ・肩まで浸かれる深さ）
　③和洋折衷タイプ（中間程度の広さ・深さ）

図11 ▶ 浴槽のタイプ

洋式タイプ　　　　　　　　　　和式タイプ　　　　　　　　　和洋折衷タイプ

　浅くて広い浴槽のほうが介助しやすいと思われがちですが、広い浴槽は足で突っ張ることが困難で、臀部が滑ったり、浮力で姿勢が不安定になったときなどに溺れるリスクが高まります。洋式タイプは、浴槽の壁面に寄りかかる姿勢になるので、この姿勢から上半身を起こすには大きな筋力が必要です。身長の低い利用者や、膝を曲げた状態で足が壁面につかない場合などは、浴槽台などを横向きにして、浴槽に沈め、足を突っ張れるように浴槽内を狭くすると安全性が高まります。

　浴槽内では、顔が湯に浸かったりするとパニックになることがあります。また、声を上げたり、何かしらの合図もできずに溺れるということもあります。介助者は、目を離さず、手が届く範囲にいるようにしましょう。入浴中の利用者に背を向けるようなことがあってはなりません。

[③浴槽の深さ・水量]

　筋力が低下したり、麻痺が生じたりした場合、深い浴槽では出入りが困難になると思われがちです。しかし、重要なのは浴槽内の水位です。水中では浮力が働き、特に高齢者では筋肉量が低下するため浮きやすくなります。つまり深い浴槽で水位をいっぱいにすることにより浮力を最大に活用することができ、最小限の力で浴槽の出入りができることになります。

2　浴槽の出入りの介助

　入浴介助では、浴槽への出入りに負担を感じている人が多いでしょう。しかし、深い浴槽で水位をいっぱいにして、浮力を最大に活用することができ、重力の影響を最小限にすることができます。ただし、後ろから利用者の脇の下を抱えて引き上げるような方法（図12-A）では、最も重い臀部が浴槽から出るときには上半身がすべて水中から出てしまい、重力の対象となるため、困難です。なるべく水中に身体を入れたままで、最も重い臀部を引き上げる方法（図12-B）にしましょう。

図12 ▶ 浮力の活用

A

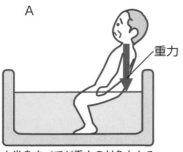

重力

上半身すべてが重力の対象となる

B

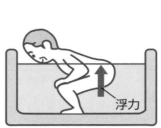

浮力

浮力を最大限活用できる

[①浴槽をまたいで入る方法]

　片麻痺はあっても、立位が安定していて、健側への移動が可能な場合は、手すりを利用して浴槽に入ります。

1 利用者は手すりを持ち、健側から足を入れる。介助者は患側の足の膝折れを防止する。

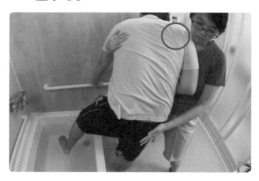

介助者は、利用者と壁の間に身体を入れ、利用者には介助者の肩に寄りかかってもらいます。

2 患側の足を上げる際、利用者がバランスを崩さないように、利用者の体重を肩に感じながら、利用者の健側の足に重心を移していく。

3 患側の足を後ろに曲げるように回し、浴槽内に着地させる。

足は重く、患側の足を前方には上げにくいので、後ろへ曲げるように回して浴槽に入れます。前方に上げると上半身が大きく傾き、危険です。

4 介助者は手で、利用者の骨盤を支え安全を確認したら、利用者の後ろに回る。利用者は、前傾姿勢をとれるように一歩下がり、壁から距離をとる。

> 手すりの高い位置を持っていると上半身が直立するので、低い位置へ持ち替えてもらいます。

5 骨盤を支える手をゆっくり緩めながら着座を促す。前傾姿勢を維持しながら座る。湯船に臀部が浸かると浮力が効いてくるので、その直前まで臀部を下から支えるように力を入れる。

6 浴槽の前側の内壁に健側の足底をつけて突っ張るようにして、座位の安定を確認する。

こんなとき、どうする ❓

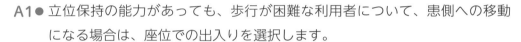

Q1 患側からしか出入りできない場合はどのようにすればいいですか。

A1 立位保持の能力があっても、歩行が困難な利用者について、患側への移動になる場合は、座位での出入りを選択します。

Q2 身長の低い人の場合、水位をいっぱいにすると溺れる可能性はありませんか。

A2● 水位を下げるのではなく浴槽台を浴槽に沈めて座ると、浮力を最大に活用しながら安全も確保できます。また、立ち上がりもしやすくなります。

Q3 浴槽に入っているときに意識消失や異常がみられたときの対応を教えてください。

A3● 介助者が利用者を浴槽から引き上げる場合は、湯を足して水位を浴槽いっぱいにすると浮力が活用しやすくなり、引き上げやすくなります。ただし、それが明らかに困難な場合は、溺れないよう湯を抜いてから、応援を呼びに行きます。

[②浴槽をまたいで出る方法]

　体重が足に乗れば、立ち上がり、立位の保持ができる利用者は、浴槽をまたいで出ます。

1 浴槽内で前傾できるように、利用者の臀部を後ろに引き込み、前の手すりの低い位置か浴槽のふちを持ってもらう。健側の膝を曲げ、足の裏を浴槽の底につける。

2 患側の足に力が残っている場合は、同様に引き寄せて、「体育座り」の姿勢にする。介助者は、利用者の臀部を両側から挟んで、前方に押すように力を加え、浮かせる。

水面までは浮力が活用できます。浮力を十分に活用できるように、湯を浴槽いっぱいにしておきます。

利用者は、健側の足に重心を移し、前傾姿勢になります。

3 患側の足を出す。入るときと同様に介助者は肩に利用者の重心を感じながら、健側の足に体重を移動させ、患側の膝を曲げるように後方から出す。洗い場の床に着地したことを確認する。

歩行が安定している利用者で、手すりが浴槽の反対側にもついている場合は、健側から出ます。患側の足は、浴槽から離れすぎると危険です。

4 介助者の膝で、患足の膝折れを予防する。患側への重心移動を腰のあたりで支え、健側の足を浴槽から出してもらう。

[③座位で浴槽に入る方法]

立位が困難な場合や浴槽をまたいで入る動作が危険な場合は座位で入ります。

1 介助者は上半身を支え、利用者に健側の足を入れてもらう。

後ろに重心を移すことによって、足を上げやすくなります。

2 後方に重心をかけてもらい、患側の足を上げて浴槽に入れる。

患側の足は、臀部の下にならない位置まで前に出します。

3 利用者の了承を得て、介助者は片足を浴槽に入れ、健側の膝を固定する。利用者に前傾姿勢をとってもらってから、上から臀部を挟むようにして支える。

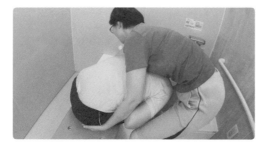

4 膝を支えながら臀部を回すようにして、水面まで誘導し、臀部から手を離す。

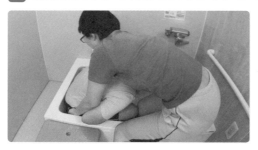

前傾姿勢を保つことで、浮力を活用できます。

[④座位で浴槽から出る方法]

立位が困難な場合や浴槽をまたいで出る動作が危険な場合は座位で出ます。

1 利用者の了承を得て、介助者は片足を浴槽に入れ、膝を支える。

> 患側の膝が曲がらない場合は健側の膝
> を支え、患側の足は前方に伸ばしても
> らいます。

2 利用者に前傾姿勢になってもらい、介助者は上から臀部を支える。利用者には前方の手すりか浴槽のふちを持ってもらう。

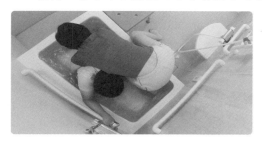

> 前傾姿勢を保つため、手すりは、でき
> るだけ遠く、低い位置を持ってもらい
> ます。

3 膝を交差させて膝折れを防止しながら、臀部を手前に引き寄せ浮かせる。

> 臀部の下のほうを両手で挟むようにし
> て支えます。水面から出るまでは、浮
> 力が活用できます。

4 臀部が水面から出たら、膝と臀部を挟むようにして、移乗台に導く。

5 利用者に後方に重心を移動してもらい、患側の足を浴槽から出す。

6 介助者は、上半身を支え、利用者に健側の足を浴槽から出してもらう。

+α こんな介助、していませんか？

✕ 前から抱える！

前から抱えると、介助者が邪魔になり、利用者は前傾姿勢をとれず、立ち上がりにくくなります。また、上半身が重力の対象となり、重くて上がりません。

✕ 後方に引き上げる！

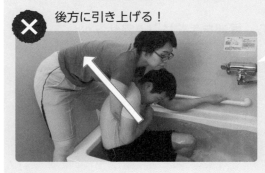

後ろから上半身を抱え、後方に引き上げると、利用者は前傾姿勢になれません。また、上半身が重力の対象となり、介助者・利用者ともに負担が大きくなります。

ポイントチェック ☑

☐ 片麻痺の利用者の場合、健側の足を患側の足の下に引き込み、「4」の字を描くようにすると前傾しやすくなります。両膝を曲げた、いわゆる「体育座り」からは前傾して臀部を浮かせるのは困難です。

☐ 浴槽内で立ち上がることが難しい場合は、浴槽台を使用すると、わずかな前傾姿勢で立ち上がりやすくなります。この場合も、湯は浴槽いっぱいにします。

浴槽台なし

浴槽台を活用

衣服の着脱の介助

衣服の着脱は、保温や清潔の保持だけではなく、化粧や整容などの自己表現につながる行為です。着られる衣服を自分で着る（ADL）のではなく、着たい衣服を自ら選んで着られる（QOL）ように支援することが重要です。

「自立（自律）支援」とは、生活に楽しみや張りをもてるように支援することであり、単にできることを本人にしてもらうことではありません。

1 着脱介助の基本

[①着脱の順序]

麻痺や拘縮、関節の可動域制限がある場合、衣服の着脱は「脱健着患」の順に行います。つまり、脱ぐときは健側から脱ぎ、着るときは患側から着るという順序です。

麻痺の有無にかかわらず、高齢になると関節可動域が狭くなります。身体にフィットするデザインや伸縮しない生地の場合、関節可動域に配慮した介助方法が必要になります。

表：衣服の着脱の順序（片麻痺の利用者の場合）

```
＊前開きの上着
    着る：患側の腕→健側の腕
    脱ぐ：健側の腕→患側の腕
＊かぶりの上着
    着る：患側の腕→頭→健側の腕
    脱ぐ：健側の腕→頭→患側の腕
＊ズボン
    はく：患側の足→健側の足
    脱ぐ：健側の足→患側の足
```

[②介助者の位置]

衣服の着脱の介助は、主に座位で行います。腕を上げたり、身体をひねったり、前傾姿勢になったりと利用者の動きも必要となるため、座位の保持が可能な利用者

でも、転倒したり、滑り落ちたりするリスクが高くなります。

　介助の基本として、介助者は、最も大きな危険につながる可能性のある位置に立ちます。体幹が不安定な利用者の場合は前方に、片麻痺の利用者の場合は患側の前方に転倒するリスクが高いので、介助者の片足は常にその位置に残しておきます。

[③着心地への支援]

　着脱における着心地で重要なポイントは衣服のねじれと「ひきつれ」です。特に片麻痺の利用者の場合は、片手で着脱の動作をするので、衣服のねじれが生じてしまいます。また、一度、ねじれてしまった衣服を自分で修正することは困難です。したがって、自力で着脱できる利用者でも着心地を確認し、整える支援は必要です。また、介助する場合には、ねじれや「ひきつれ」に配慮した技術が求められます。

こんなとき、どうする ❓

Q1　手足の指先を通すときに引っかかってしまいます。

A1● 健側の手はそでを通すときに手を握ってもらいます。患側の手と両足は、指先をくるむように保護して、そでやズボン、靴下などを通します。

Q2　かぶりの服では片麻痺の場合、患側の腕の次に健側の腕を通し、最後に頭を通す方法でもいいですか。

A2● まずは「患側の腕」を通します。次に「頭」を通すか「健側の腕」を通すかですが、「患側の腕」の関節可動域によって判断します。麻痺があっても肩の高さくらいまで肘を上げることができればどちらの順序でも可能です。しかし、患側の腕の関節可動域が狭くなっている場合や首を前屈する可動域が狭くなっている場合は、「患側の腕」→「頭」→「健側の腕」の順で着ます。両腕を先に通してから頭を通すと、首回りが狭い衣服の場合は、困難になるためです。ただし、両手拘縮のある場合は、その限りではありません。

2 座位での上着の着脱

[①座位で「前開き」の上着を着る──片麻痺の利用者]

1 「迎えそで」をして、ねじれないように注意しながら患側のそでを通す。

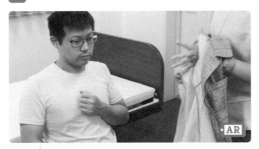

患側の手を通す場合は、指先にそでが引っかからないように保護します。布地をまとめた状態で、関節を通します。布地を外側に半回転させると肩のラインが下側になり、ねじれを防ぐことができます。利用者と同じ側の手で「迎えそで」をするとスムーズです（ポイントチェック（177ページ）参照）。

2 衣服の肘の部分を固定し、脇の下まで引き上げる。肩の位置を確認してから、肩の部分を一度、外す。

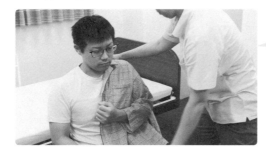

そでがねじれていないか、肩の合わせ目を確認します。
肩を合わせたままで着ようとすると健側の手を上に挙げることになりますが、高齢者では可動域が制限され、困難です。

3 衣服は、利用者の腰のあたりを通して健側に持っていき、肘の位置にそで口を合わせ健側の腕を通す。介助者は、必ず片足を患側に残し、安全を確保する。

常に患側に片足を位置しておき、安全を確保します。

肘の位置にそで口を合わせると、無理なくそでを通すことができます。

4 両肩を合わせ、前ボタンをとめる。

 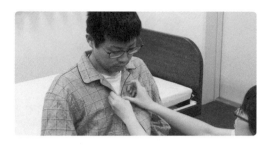

+α **こんな介助、していませんか？**

❌ そでを上向きに通している！

> 高齢者では、麻痺がなくても肩関節の可動域が狭くなり、上向きにそでを通すことが困難になります。

［ ②座位で「前開き」の上着を脱ぐ──片麻痺の利用者 ］

1 ボタン・ファスナーなどを外し、前を開いて、両肩を外す。

2 介護者は健側のそでと肩口の布を持ち、健側の肘を抜いてもらう。

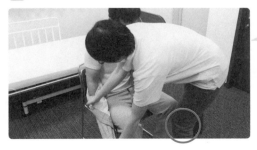

> 常に患側に片足を位置しておき、安全を確保します。

3　衣服を患側に回し、指先を保護しながら患側の腕を抜く。

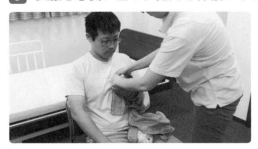

> 指先の保護は、介助者の指先を利用者の手のひらに添え、そでを裏返しながら丁寧に抜きます。

＋α　「迎えそで」の方法（脱ぐとき）

1　そでを肘の位置まで脱がす。

2　介助者の手を添えて、患側の指先を保護する。

3　そで口を介助者の指先から手首までかぶせる。

4　そでを裏返しながらゆっくり抜く。

ポイントチェック ☑

☐ 肩のラインは合っていますか。腕を通す前に外側に半回転して肩のラインを下
　側にしていますか。

腕が伸びていると肩のラインは
外側にきます。

腕が曲がった状態では肩のライ
ンは下側にきます。

☐ 両肩を外してから着脱していますか。

☐ 着心地に配慮し、肩の位置と脇の下が合っているか確認していますか。

こんなとき、どうする ❓

Q● 両腕に拘縮がある場合はどうしたらいいですか。

A● 両腕に拘縮がある場合、わずかであっても肘が開きやすいほうの腕を「健側」
　として介助します。ただし、両腕が曲がって伸ばすことができない場合は片
　そでを通した後、肩を外しても指先まで衣服が届かないので、首の後ろから
　布地を回して患側の腕を通します。

[③座位で「かぶり」の上着を着る——片麻痺の利用者]

1 「迎えそで」をして、ねじれないように注意しながら患側のそでを通す。

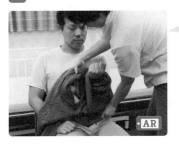

そでを通すときに、衣服の首の位置が
身体の中央にあるか確認します。外側
にあれば、ねじれている状態です。

2　布地の脇の下の部分を利用者の脇の下まで引き上げ、襟ぐりを頭に近づける。

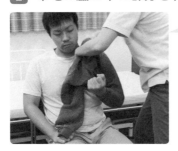

襟ぐりを頭に近づけるために脇の下の布地をしっかり引き上げておきます。また、そでがねじれていないか、肩の合わせ目を確認します。

3　襟ぐりの前後を衣服の内側からしっかり握り、頭を通す。

外側から握ると、かぶるときに利用者の顔に介助者の爪が当たる可能性があります。また、かぶるときに布地が顔に触れないように、前襟を握った手をしっかり引き寄せ、後ろの手は髪の毛を滑らせるようにします。

4　衣服を利用者の健側前方に回し、肩の可動域に配慮して健側の腕を通す。

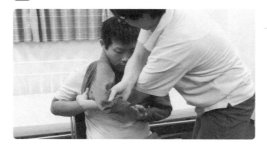

上に手を伸ばすのではなく、前方にそでを持ってきて、腕を前に出す動作でそでを通します。

5　利用者の足の間に片足を入れ、前傾するように腰骨に寄りかかってもらい、背中の部分を下ろす。

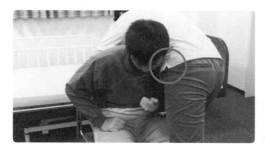

6 全体を整え、着心地を確認する。

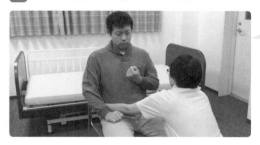

肩と脇を合わせ、腹部の生地を伸ばします。必要に応じて襟元を整えます。

［ ④座位で「かぶり」の上着を脱ぐ──片麻痺の利用者 ］

1 介助者は前方に立ち、利用者に寄りかかってもらって背中の部分を肩甲骨が出る位置まで引き上げる。

2 健側のそでを持って、前方に引くようにして健側の肩、肘、腕を抜く。

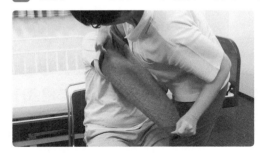

3 介助者は襟ぐりの前後を内側からしっかり握り、頭を抜く。

襟ぐりの前を握った手をしっかり引き寄せ、布地が顔に当たらないようにしながら、後ろの手を左右にゆっくり大きめに動かし、耳を迂回します。着るときは問題ありませんが、脱ぐときは耳に引っかかってしまいます。

4 「前開き」の上着と同様に、患側の指先を保護して、腕を抜く。

ポイントチェック ☑

……………………………………………………………………………

☐　衣服の頭の位置が、常に身体の中心に来るように意識していますか。

☐　頭を通すときに布地が顔に触れないように、襟ぐりの前部分を引き寄せていますか。

☐　健側のそでを通すとき、前方に誘導していますか。

☐　着た後、肩と脇がねじれていないか確認していますか。

☐　襟ぐりが耳に引っかからないように左右に動かして頭を抜いていますか。また、顔に布地が触れないように前襟を引き寄せていますか。

こんなとき、どうする ❓

……………………………………………………………………………

Q　両腕に拘縮がある場合、かぶりの上着を着る介助はどのようにすればいいですか。

A●　わずかでも肘が開きやすいほうの腕を「健側」として介助します。ただし、両腕を伸ばすことができない場合は、両腕を通した後、頭を通します。両脇の布地をしっかりと引き上げておき、頭までの距離を最短にしておくことが重要です。座位で頭部を前屈しにくい場合は、ベッド上で行います。

3　座位でのズボンの着脱

[①座位でズボンをはく——片麻痺の利用者(直立した立位を保持できる場合)]

1　座位の安定を確認し、介助者は患側前方に位置する。

ズボンがねじれないように通します。足を上げる際、あらかじめ背もたれによりかかってもらうとより安定します。

2 介助者の膝に患側の足を乗せ、指先を保護しながら足を通す。

ズボンのすそはひとまとめにして、つま先を通し、そのまま、ふくらはぎを支えて浮かせ、かかとを通します。

3 つま先を保護し、健側の足を通す。

健側もつま先を保護します。
健側の足は高く上げると座位が不安定になるため、低い位置で足を通します。ズボン下を着用している場合は、片手で裾からズボン下をつかみ、もう一方の手でズボンを引き上げます。

4 ズボンを上げ、全体を整える。

立位保持が困難な利用者では、座位の状態で臀部の丸みの下までズボンをあげておきます（156ページ参照）。

直立できる利用者の場合は、立位になった後、膝と骨盤を固定し、自由になった一方の手でズボンを上げます。

[②座位でズボンを脱ぐ——片麻痺の利用者（直立した立位を保持できない場合）]

　座位でズボンを脱ぐ方法は、「①ズボンをはく」動作の逆の順になります。座位で、利用者の臀部を浮かせ、臀部の丸みの下までズボンを下ろすことで、座位のまま脱ぐことができます。

1 直立した立位を保持できない場合は、膝、腰骨、脇から入れた手の3点で固定し、前傾姿勢のまま立位を保持し、ズボンを臀部の丸みの下まで下ろす。

2 座位になり、後ろに寄りかかってもらう。健側の足から持ち上げ、ズボンを下ろす。

3 両足ともつま先を保護し、ズボンを脱ぐ。

ポイントチェック ☑

☐ ズボンは患側・健側ともに、指先を保護してから足を通していますか。

☐ 足を持ち上げるときに、あらかじめ背もたれに寄りかかってもらっていますか。また、上半身の倒れ方を確認しながら足を持ち上げていますか。

☐ 座位の状態で臀部の丸みの下までズボンを引き上げていますか。

4 ベッド上での上着の着脱

　ベッド上臥位で衣服の着脱を行う必要がある利用者は、身体活動レベルが低下していることが想定されます。したがって、頻繁に寝返りをする方法は避けるべきです。利用者の身体状況に配慮しつつ、着心地のよい着脱介助の方法を身につけましょう。

[①ベッド上で「前開き」の上着を着る──片麻痺の利用者]

　基本的な手順と留意点は「座位」での方法と同じです。衣服を肩から外して腕を通してから肩を合わせます。

1 患側の腕を通す。脇の下と肩を合わせ、前身ごろと脇の縫い目を合わせて、ねじれていないことを確認する。

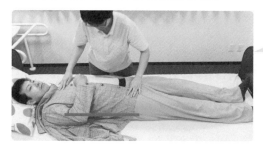

> 脇の縫い目を身体の側面に合わせます。

2 側臥位の状態で衣服を背中から健側に回す。

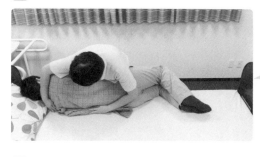

> 衣服を身体の下に差し込んでおきます。

3 仰臥位に戻り、患側の肩を外す。

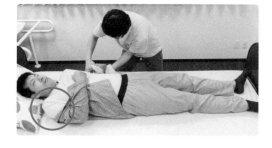

4 健側から衣服を斜め下方に引き出し、健側の腕を下向きに通す。

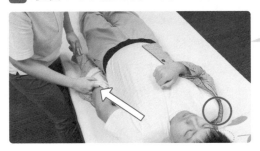

> 患側の肩を外し、健側の生地を引き下げると、健側の肘の位置にそで口を誘導できます。

5 肘の位置までそで口を上げ、両肩を引き上げて合わせる。

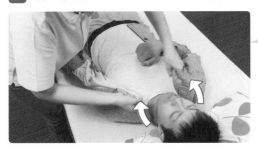

> 利用者の首の下に手を入れ、襟の中央部分を持ち、首の真ん中に来るように引き上げます。

6 衣服の両肩、脇の下、腹部、腰の部分を左右均等に引き上げ、しわを伸ばす。最後に腰の下の衣服を下方向に左右均等の力で引き、全体を整える。

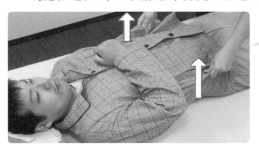

> 仰臥位のままで、気持ちよくしわを伸ばすことができます。

[②ベッド上で「前開き」の上着を脱ぐ──片麻痺の利用者]

「①ベッド上で「前開き」の上着を着る」場合と、逆の手順で行います（183、184ページ参照）。

1 ボタン、ファスナー等を外し、前を開く。

2 患側の肩を外し、健側の肩と肘を抜く。

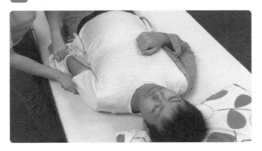

3 仰臥位のまま、患側の衣服を健側に引き寄せ健側の腕を抜く。

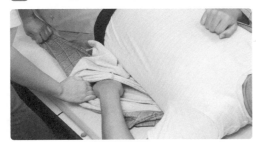

> 肘の位置までそで口を引き下げると肩関節の可動域が狭くても抜きやすくなります。

4 側臥位になり、衣服を脱ぐ。最後に患側の腕を抜く。

> 患側の指先を保護して抜きます。

ポイントチェック ☑

- [ ] 着るとき、そでのねじれを意識していますか。肩のラインが下になるように通します。
- [ ] 両肩を外してから着脱していますか。
- [ ] 着衣後、肩と脇の下の位置が合っているか確認していますか。着心地がよくな

ります。

□　仰臥位のまま、しわを伸ばしていますか。

[③ベッド上で「かぶり」の上着を着る―片麻痺の利用者]

患側の肩や首に可動域制限がある場合は、「患側」→「頭」→「健側」の順序に着ます。基本的な手順と留意点は「座位での上着の着脱」（174〜177ページ参照）と同様です。

1　「迎えそで」をして、ねじれないように注意しながら患側の腕を通す。襟ぐりが前に来ていることを確認し、衣服の脇の下を利用者の脇の位置まで上げ、襟ぐりを頭に近づける。

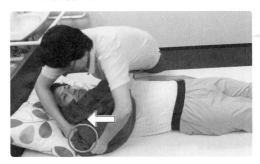

> 患側の肩の位置を合わせ、脇の下の布地をしっかり引き上げることで、襟ぐりと頭を最短距離にしておきます。

2　襟ぐりの前後を衣服の内側からしっかり握り、布地が顔に触れないようにして頭を通す。

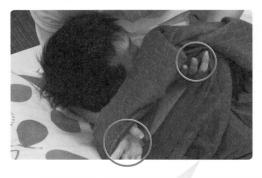 

> 首が動きにくく、頭が入らない場合は、側臥位になると頭を前屈しやすくなり、通しやすくなります。

3 衣服を利用者の健側前方に回し、健側の腕を通す。

利用者の頭の方向にそでを通すと、肩の関節可動域制限を受けやすくなります。そでは前方に誘導します。

4 側臥位になり、衣服の背中を下ろす。

介助者からみて奥側になる衣服をしっかり下ろしておきます。手前側は仰臥位でも調整可能です。

5 仰臥位になり、肩、脇の下、腹部、腰の下の順にしわを伸ばす（184ページ参照）。

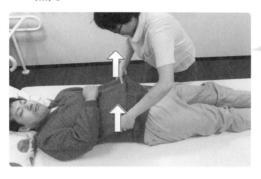

左右均等に引き上げると、背中のしわは仰臥位でのばすことができます。

［ ④ベッド上で「かぶり」の上着を脱ぐ——片麻痺の利用者 ］

1 側臥位になり、肩甲骨が出る位置まで衣服を引き上げる。

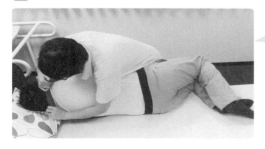

両側の肩甲骨が出るまでしっかり上げます。

2 仰臥位に戻り、健側のそでを前方に引くようにして健側の腕を抜く。

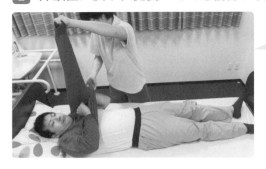

> 健側の肩を外し、肘から抜いてもらいます。

3 介助者は襟ぐりの前後を内側からしっかり引っ張り、耳に引っかからないようにして前の襟ぐりから頭を抜く。

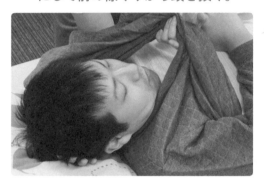

> 頭を前屈しにくく、抜きにくい場合は、側臥位になると抜きやすくなります。

4 患側の指先を保護して、腕を抜く。

こんなとき、どうする ❓

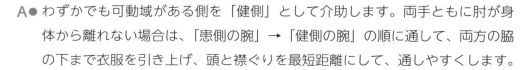

Q 両手に拘縮がある場合は、どうしたらいいですか。

A わずかでも可動域がある側を「健側」として介助します。両手ともに肘が身体から離れない場合は、「患側の腕」→「健側の腕」の順に通して、両方の脇の下まで衣服を引き上げ、頭と襟ぐりを最短距離にして、通しやすくします。

頭を前屈しにくければ、側臥位で行います。

5 ベッド上でのズボンの着脱

[①ズボンをはく——片麻痺の利用者]

基本的な手順と留意点は、「①座位でズボンをはく」（180ページ参照）と同様です。

1 つま先を保護し、患側の足、健側の足の順に通す。

> ズボンをひとまとめにして、つま先、かかとを通します。

2 臥位のままズボンを引き上げる。下側の布地をマットレスに押さえながら先行させる。

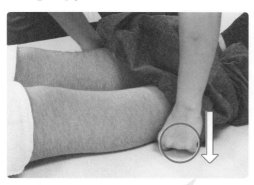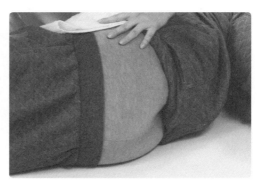

> ベッドに接しているかかと、ふくらはぎ、太もも、臀部は、ベッドに接している下側の布地を持ち、マットレスを上から押さえて隙間をつくって引き上げます。仰臥位で臀部の丸みの下の部分まではズボンを上げることができます。

3 仰臥位で臀部の丸みの部分が上がらない場合は、側臥位でズボンを上げる。

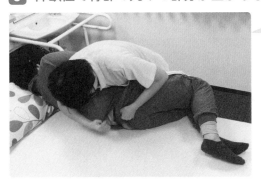

ゆとりが出るように、前側の布地をあらかじめ上げておきます。

4 仰臥位で、ズボンの生地を左右均等に引き上げ、しわを伸ばす。最後にすそを下に引っ張り、全体を整える。

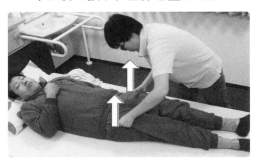

[②ズボンを脱ぐ——片麻痺の利用者]

1 仰臥位で腰の下のズボンの布地を持ち、ベッドに押しつけるように力を加えながら引き下げる。

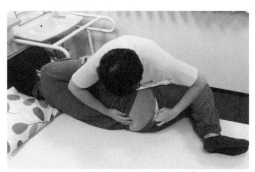 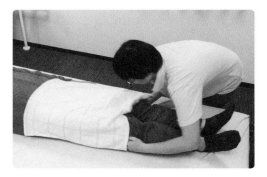

臀部が引っかかる場合は、左右交互に引き下げるか側臥位になって臀部の丸みの下まで下ろします。それ以降は仰臥位で下ろします。

2 ズボンを足首まで下げ、つま先を保護しながら抜く。

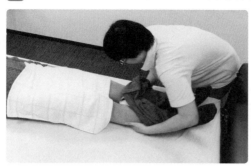

ポイントチェック ☑

・・

☐ 両足ともつま先を保護していますか。

☐ ベッドに接している部分を通すときにズボンの下側の布地を持ち、上からマットレスを押さえて隙間をつくっていますか。

☐ 前側の布地に余裕が出るようにあらかじめ、上げていますか。

こんなとき、どうする ❓

・・

Q●膝の拘縮がある場合はどうしたらいいですか。

A● 利用者の身体を持って関節を動かそうとするのではなく、衣服を関節単位で動かすようにすると足が曲がったままの状態や股関節が開かなくても無理なく着脱できます。

■靴下をはく

　靴下は、引っかかりを防ぐため、指先まで裏返してからはきます。5本指の靴下も、指先まで裏返し、指に当ててからはくとスムーズです。

■靴をはく

　介助が必要になると脱ぎはきしやすい靴やスリッパなどをはく人が多いですが、その日の気分や服装に合わせ、革靴を選んでみてはどうでしょうか。ここでは、患側の足に革靴をはく方法を解説します。

1 靴の「ベロ」の部分を持ち、足先をしっかり入れる。入りにくいときは、足を床につけ、靴のかかとの部分に指をかけて、かかとを押し込みながら靴を後方に引っ張り、つま先まで入れる。

2 介助者は、患側のかかとに靴ベラ代わりに親指を差し入れておき、かかとが膝の真下になる位置に引き寄せ、利用者の患側の膝を上から押さえて、かかとを入れる。

> 靴ベラの使用も有効です。かかとが膝の真下よりも内側に来るようにすると、膝を押さえることで靴をはくことができます。

4 食事の介助

食事は、食べ物や飲み物を認知し、口に運び、噛んでまとめて（咀嚼<ruby>咀嚼<rt>そしゃく</rt></ruby>）、飲み込み（<ruby>嚥下<rt>えんげ</rt></ruby>）、消化するという一連の動作です。特に、咀嚼と嚥下は生命を維持するために不可欠な行為ですが、身体レベルが低下してくると嚥下そのものが命がけの行為にもなります。

一方、介護が必要になると、生活における「その人らしさ」や「豊かさ」に制約を受けることが増えてきますが、そのなかで、食べる楽しみや喜び、満足感などは、最期まで大切にしたいものです。つまり、味はもちろんのこと、見た目や匂い、歯ごたえ、季節感など、五感で「おいしさ」を感じられるような支援が大切です。

図13　摂食嚥下の5期

1. 先行期（認知期）
視覚、嗅覚、触覚などにより、食べ物そのものや、その性状等を確認し、口に運ぶ時期。温度や固さ、味等のイメージをつくる。

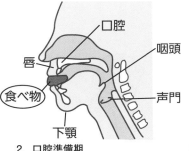

2. 口腔準備期
食べ物を唇や歯でとらえ、口腔内に取り込み、咀嚼して、唾液を混ぜ、食塊をつくり、飲み込む準備をする。

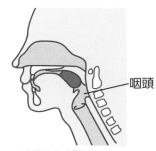

3. 口腔送り込み期
舌で口腔内に圧力をかけ、食塊を咽頭に送り込む。

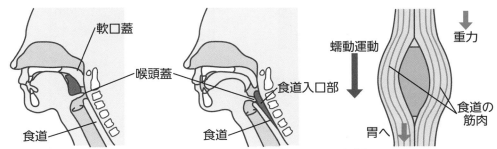

4. 咽頭期
食塊を咽頭から食道入口に送る時期。嚥下反射により、喉頭蓋が気道をふさぎ、圧力を受けた食塊は食道に送られる。喉頭蓋が閉じるのが間に合わないと気道に飲食物が入り、誤嚥となる。

5. 食道期
食道に入った食塊を胃まで移送する時期。常時、閉じている食道内を逆流しないように、食道の筋肉と蠕動運動によって食塊を送り込む。途中で食塊がとどまってしまうと窒息の状態となる。

1　食事の姿勢

　食事の際は、腰・膝・足関節がおよそ90度になるように調整します。また、上半身を前傾させる必要があるため、体幹が不安定な利用者では、背中にクッションを挟むなどしてやや前傾になるようにしましょう。

　膝と足関節がおよそ90度になることによって、大腿部の重みを足関節（足首の関節から足の裏全体）で支えることができます。さらに、少し前傾姿勢になることで、より足底に重心がかかるため、座位の安定だけではなく、咀嚼・嚥下能力の向上にも影響します。

　一方で、骨盤が後ろに倒れると、内臓が圧迫されたり、あごが上がりやすくなったりするため、咀嚼・嚥下に影響を与えます。座位で腰の後ろに手を入れてみて、すき間が大きく開いている場合は、ロールタオルを入れたり、厚めにたたんだバスタオルを骨盤の後ろに入れたりして、骨盤が後ろに倒れないように姿勢を整えます。

図14　食事の正しい姿勢

背中にクッションを挟むことにより、前傾姿勢になります。骨盤の後ろに厚めにたたんだタオルを入れ、骨盤を起こします。

大腿部の重みを足関節で受け止めることで、咀嚼がしやすくなります。

日本人の平均身長では、90度になる高さは38cm±３cm程度

図15　誤嚥の状態

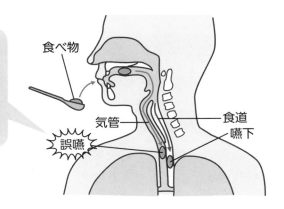

誤嚥とは、咽頭期（193ページ参照）において、食塊が食道に送られるとき、嚥下反射が適切に行えなかった結果、喉頭蓋が気管を閉じきれずに飲食物が気道に入った状態をいう。

食べ物

気管
誤嚥

食道
嚥下

+α　こんな介助、していませんか？

 車いすで食事をしている！

フットサポートに足を上げると足の裏には体重がかからないため、咀嚼力・嚥下力が低下しやすくなります。

座面が後方に傾斜しているため骨盤も後傾してしまいます。あごも上がりやすくなるため、誤嚥のリスクが高くなります。

すき間

　車いすは座面が後方に傾斜していて骨盤、膝、足関節を約90度にできません。そのため、足の裏に体重がかからず、咀嚼力が低下します。また、上半身が後傾しやすく、あごが引きにくくなるため、誤嚥のリスクが高まります。したがって、適切ないすに移乗して食事をすることが望ましいといえます。

ポイントチェック ☑

☐　足の裏に体重がかかるように座面の高さを調整していますか。

☐　骨盤が後方に倒れていませんか。腰の後ろに大きなすき間ができていませんか。

☐　上半身が軽く前傾し、あごを引けるような姿勢になっていますか。

こんなとき、どうする ❓

Q1 上半身が後ろに傾いてしまいます。どうすればいいですか。

A1 車いすでは、上半身が後ろに傾いてしまいやすいので適切ないすに移乗することが必要です。何らかの事情でやむを得ず、車いす上での飲食を行う場合は、骨盤が後方に倒れないように腰の後ろをロールタオルなどで支えます。また、上半身の前傾を保てるように、背中にクッションを挟むことも有効です。座位が浅くなることで体幹が後ろに倒れやすくなるため、座位を深めにします。

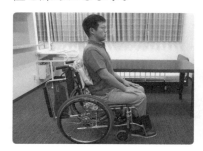 

Q2 上半身が前傾しすぎてしまいます。どうすればいいですか。

A2 円背（背中が前に曲がった状態）やパーキンソン病などにより、前傾が強くなる場合は、足台を高めにすると自動的に上半身が起きてきます。テーブルを低くする対応は、胃や食道を圧迫するため食事に時間を要したり、摂取量が減ったりして逆効果です。足台を高めに設定し、あごが上がらない程度にテーブルも高めにすると目線が上がり、胃や食道の圧迫も緩和します。

2 食事の介助の留意点

[①食事の動作]

人が食事をする際の動作を振り返ってみましょう。

1 食べ物を見て、食欲がそそられたり、味をイメージしたりする。スプーンや箸で食べやすい大きさにする。

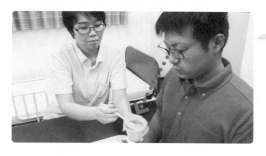

食べ物をすくったり、箸で挟んだりする動作は利用者から見えやすい位置で行い、言葉で食べ物の説明をします。この段階（先行期、認知期）で食べ物と食べ方のイメージがつくられます。

2 目で確認しながら口元に運ぶ。

何が、どのくらい口に運ばれるのか確認します。

3 口で食べ物を迎え、歯でとらえる。スプーンを下方向に抜く。

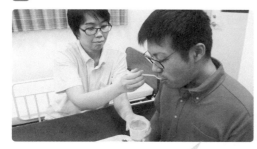 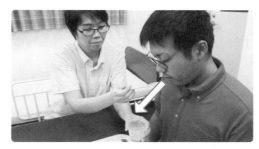

このとき、食べ物の温度、固さ、性状（固体か液体かなど）など、1のイメージに沿ったとらえ方をします。また、歯でとらえた食感によって、咀嚼が必要なものか飲み込んでよいものか判断します。一口大にして口の奥に入れてしまうと、それができません。

［ ②食事の介助 ］

①歯ごたえの支援——のど詰め（窒息）の予防

　大きなものは歯でとらえ、噛み切ります。特に箸を使って食べると「噛み切る」動作につながりやすくなります。歯（歯茎）は非常に優れたセンサーで、食べ物を噛み切ったとき、「噛む必要がある」と判断されると、自然に食べ物を噛んでから

飲み込みます。一方で、噛み切る必要のない軟らかい食べ物は、舌や上あごで押しつぶすようにして味わいます。これは歯がない状態での食事でも同様です。

したがって、食事介助の際に、食べ物を一口大にして、口の奥に入れてしまうと、歯のセンサーを通り越してしまうので、噛む必要があるのか、飲み込んでよいのか判断がしにくくなります。噛むためにはもう一度、口の前方に食べ物を戻す必要があり、舌や口腔の機能が低下した人には困難です。その結果、そのまま飲み込もうとして、のど詰めや窒息が発生しやすくなります。

噛む能力の残っている人に対して、食べ物を一口大にして、口の奥に入れる介助は、食事の質を低下させ、危険です。特にスプーンを用いた場合に、そのような介助の傾向が強くなりますので注意しましょう。噛む力のある人には、食べ物を箸でつまみ、噛み切って食べてもらうように介助するほうが歯ごたえや味を感じてもらいやすくメリットが大きくなります。

味も同様です。味を感じる味蕾は舌の先のほうに集中しています。歯や口の先で食べ物をとらえることにより味を感じやすくなります。スプーンを用いて、食べ物を口の奥に入れてしまうと、歯ごたえだけではなく味も感じにくくなります。箸でつまめないものはスプーンを使いますが、自分で食べるときと同じように、口の先で食べ物をとらえるようにして利用者主導の動作になるよう介助します。

②先行期（認知期）の支援──誤嚥予防

食事に髪の毛が混入していると、歯でとらえた瞬間に違和感を覚えます。一方で、髪の毛の何倍も堅いせんべいは違和感なく食べられます。それは、視覚や嗅覚で食べ物を認識する際に、すでに食べ物のイメージが作られているからです。歯ごたえも、味も、そのイメージどおりであれば違和感なく食べられます。

食事の豊かさを支援する食事介助は、素材やメニュー、調理方法などを説明し、食事に対する興味やイメージを支援することから始まり、先行期（認知期）から、口腔準備期の口で食べ物をとらえるところまでを支援することといえます。

丁寧に説明し、利用者に見えやすい位置で、食べ物をつまみ、口に運ぶまでの動作を利用者主導で行うことができれば良質な食事介助になります。一方で、介助者がやりやすい方法で行うと、利用者は、食べ物をイメージすることができず、適切に受け止めることが困難になります。味がわかりにくかったり、予想外の性状だったりすると、誤嚥やのど詰めにつながります。つまり、食事の豊かさやおいしく食べることを支援する介護こそが、誤嚥やのど詰めを予防する介護につながるのです。

こんな介助、していませんか？

❌ 真横から口に運ぶ

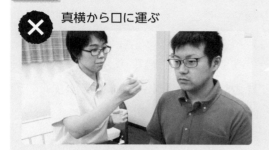

何が口に入るのかわからないため、味のイメージができません。

❌ 正面からまっすぐ口に運ぶ

何が口に入るのかわかりません。また、あごが上がりやすく誤嚥のリスクが高まります。

❌ 一口大の食べ物を口の奥に入れる

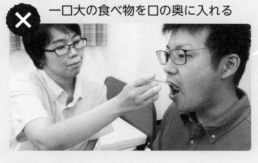

口に入った瞬間に歯ごたえや味を感じることができません。飲み込んでよいのか、噛む必要があるのか判断しにくく、のど詰めや誤嚥をしやすくなります。

❌ 健側に食べ物を入れる

片麻痺の利用者の場合、健側の口腔内に入れるとよいといわれます。しかし、噛むためには、食べ物を口の中央に戻す必要があります。うまく戻せなければ患側に入ったり、噛みにくかったりします。

第10章　生活場面で見る介護技術

ポイントチェック ☑

- □ 歯ごたえを感じられるように食べ物を歯や唇でとらえられる介助を意識していますか。
- □ 先行期（認知期）を豊かにする支援をしていますか。食事のメニューや素材、調理方法などを説明します。利用者が見えやすい位置で、食べ物をつまみ、口に運びます。利用者主導で食べることができるように丁寧に行います。

こんなとき、どうする ❓

Q1 ● とろみを濃くしても、うまく嚥下ができません。どうしたらいいですか。

A1 ● とろみは、唾液に近い「ゆるめのポタージュ状」が正しい濃さです。その根拠は、唾液は、一日に1.5Ｌほど分泌されていて、嚥下が困難で胃ろうを造設している人も飲み込んでいるからです。とろみは粘り気を出すものなので濃くなりすぎると飲み込みにくくなります。それでも誤嚥しやすいということであれば、姿勢や介助方法を見直してみましょう。

Q2 ● スプーンと箸は、どのような点に注意して介助すればいいですか。

A2 ● 口腔準備期では唇や歯で食べ物をとらえる介助が重要です。スプーンは、歯や歯茎に当たると非常に不快です。したがって、おいしく食べてもらうためには正しく口に運ぶ配慮が必要です。一方、箸で介助をする場合、右利きの介助者が利用者の左から介助すると箸が縦になりやすくなります。そうすると利用者の歯は、食べ物ではなく「箸」をとらえてしまい、食感が異なるため混乱しやすくなります。利き手と逆の位置から介助する場合は、箸が歯に当たらないように横に向けて介助します。

⭕ 歯が食べ物をとらえている

❌ 歯が箸をとらえている！

参考文献

● 髙山彰彦・髙山美佐子『介護される人を大切にしたい！　介護する人も大切にしたい！　あなたのための介護技術――基本編』文芸社、2018年

● 介護福祉士養成講座編集委員会編『最新　介護福祉士養成講座7　生活支援技術Ⅱ』中央法規出版、 2019年

● 秋山智久『社会福祉実践論――方法原理・専門職・価値観』ミネルヴァ書房、2000年

● 石田一紀『介護福祉労働論』萌文社、2004年

● 髙山彰彦『ホームヘルプサービス（訪問介護）の本質に関する研究――ホームヘルパーの価値観等の実態調査を通して』東北福祉大学大学院修士論文、2006年

一般社団法人　幸せ介護創造ファクトリー

　「幸せ介護創造ファクトリー」は、大阪府箕面市に拠点を置き、主に介護研修事業を行う一般社団法人です。多くの介護事業所の職員研修に講師としてかかわりながら、法人の研修室において月間20〜30コマ程度（1コマ3時間）の研修を行っています。研修のテーマは、介護技術のほか、リスクマネジメント、虐待防止、認知症の理解など幅広く、受講者も、介護職はもちろんのこと、看護師、作業療法士（OT）、理学療法士（PT）や介護に携わる家族など、全国から多くの方が参加しています。それぞれの困りごとに対して、必ず答えやヒントを持ち帰っていただけるようにカスタマイズしたセミナーはリピーターが多いのも大きな特徴です。

　法人名には、介護に関するさまざまな困りごとに対して、それぞれの状況に応じて新たな技術を、介助者・利用者がお互いの幸せを目指して、ともに創っていく「介護工房」としてあり続けたいとの思いを込めています。

　ぜひ一度、ご参加ください。

　https://shiawasekaigo.biz/

著　者

髙山彰彦 （たかやま・あきひこ）

一般社団法人　幸せ介護創造ファクトリー　代表理事
藍野大学短期大学部第二看護学科　非常勤講師
保健体育教員資格、社会福祉士、介護支援専門員、社会福祉学修士
体育大学を卒業後、有料老人ホーム、特別養護老人ホーム、在宅介護支援センター等で、介護職、生活相談員、ケースワーカーとして勤務。その後、介護福祉士養成施設の教員、大手介護事業所の人材育成部長を経て現職。学生・新人から管理職に至るまで、介護人材育成に携わる。特に運動生体力学に基づく介護技術を考案し、展開している。

執筆協力者

髙山美佐子 （たかやま・みさこ）

一般社団法人　幸せ介護創造ファクトリー　理事
京都YMCA国際福祉専門学校　専任教員／東大阪短期大学介護福祉学科　非常勤講師
介護福祉士、介護支援専門員、社会福祉主事、介護教員資格等
介護保険制度創設時より、デイサービス、有料老人ホーム、特別養護老人ホーム、訪問介護サービス等の介護職として勤務。現在は、介護福祉士養成施設の教員として、また介護職員初任者研修、介護福祉士実務者研修等の講師として後進の育成に励みつつ、企業の介護離職防止セミナーや外国人介護職の指導、介護人材育成プラン構築などの講師としても活動する。現場を熟知した熱く、丁寧な指導が受講者に評判。

撮影モデル
今中優介（介護福祉士）／髙山愛梨奈（看護師）
髙山僚（看護師）／湯浅智望

撮影協力
株式会社You I グループホーム菅原

動画制作
グループ現代

現場の「困った！」を解決できる
利用者にも介助者にも安心・快適な介護技術

2020年5月10日　初版発行
2021年8月10日　初版第2刷発行

著　者　髙山彰彦
発行者　荘村明彦
発行所　中央法規出版株式会社
　　　　〒110-0016　東京都台東区台東3-29-1　中央法規ビル
　　　　営　業　　　　TEL 03-3834-5817　FAX 03-3837-8037
　　　　取次・書店担当　TEL 03-3834-5815　FAX 03-3837-8035
　　　　https://www.chuohoki.co.jp/

装丁・本文デザイン　澤田かおり（トシキ・ファーブル）
本文イラスト　　　　藤田侑巳
印刷・製本　　　　　株式会社アルキャスト

定価はカバーに表示してあります。
ISBN978-4-8058-8151-4

＼ 本書の内容をDVDで学ぶことができます！ ／

動きの速さ、つながり、タイミング、力の入れ方など、書籍だけでは表現しきれない、介護技術のポイントをわかりやすい映像と丁寧な解説で伝えます。

DVD 現場の「困った！」を解決できる
利用者にも介助者にも
安心・快適な介護技術

監修 髙山彰彦・髙山美佐子

2020年5月 発売

収録時間 約120分
価格：本体12,000円（税別）
ISBN978-4-8058-8152-1

CONTENTS

● DVDの特徴

悪い例との比較映像で、改善のポイントがわかる！

現場の「困りごと」「知りたいこと」が解決する！

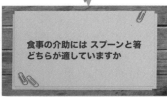

詳しい解説で、納得できる、応用できる！

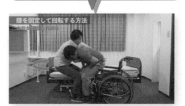

個人のスキルアップに、事業所内研修に、家族への介助方法の指導に…。
ぜひご活用ください。

このDVDのダイジェスト版をご覧いただけます。

右記QRコードを読み込むことで、DVDのダイジェスト版をご視聴いただけます。また、下記ホームページへアクセスしていただくことでも閲覧可能です。
https://www.chuohoki.co.jp/products/topic/5331370.html